AF659010

पुराण साहित्य भारतीय जीवन और साहित्य की अक्षुण्ण निधि है। इनमें मानव जीवन के उत्कर्ष और अपकर्ष की अनेक गाथाएं मिलती हैं। अठारह पुराणों में अलग-अलग देवी-देवताओं को केन्द्र में रखकर पाप और पुण्य, धर्म ओर अधर्म, कर्म और अकर्म की गाथाएं कही गई हैं। इस रूप में पुराणों का पठन और आधुनिक जीवन की सीमा में मूल्यों का स्थापन आज के मनुष्य को एक निश्चित दिशा दे सकता है।

निरन्तर द्वन्द्व और निरन्तर द्वन्द्व से मुक्ति का प्रयास मनुष्य की संस्कृति का मूल आधार है। पुराण हमें आधार देते हैं। इसी उद्देश्य को लेकर पाठकों की रुचि के अनुसार सरल, सहज भाषा में प्रस्तुत है पुराण-साहित्य की शृंखला में उप पुराण **'गणेश पुराण'**।

गणेश पुराण

डॉ. विनय

डायमंड बुक्स

प्रकाशक डायमंड पॉकेट बुक्स (प्रा.) लि.

X-30 ओखला इंडस्ट्रियल एरिया, फेज-II

नई दिल्ली- 110020

फोन : 011-40712200

ई-मेल : ebooks@dpb.in

वेबसाइट : www.diamondbook.in

GANESH PURAN

By – *Dr. Vinay*

प्रस्तावना

भारतीय जीवन-धारा में जिन ग्रंथों का महत्त्वपूर्ण स्थान है उनमें पुराण भक्ति ग्रंथों के रूप में बहुत महत्त्वपूर्ण माने जाते हैं। पुराण-साहित्य भारतीय जीवन और साहित्य की अक्षुण्ण निधि है। इनमें मानव जीवन के उत्कर्ष और अपकर्ष की अनेक गाथाएं मिलती हैं। भारतीय चिंतन-परंपरा में कर्मकांड युग, उपनिषद् युग अर्थात् ज्ञान युग और पुराण युग अर्थात् भक्ति युग का निरंतर विकास होता हुआ दिखाई देता है। कर्मकांड से ज्ञान की ओर आते हुए भारतीय मानस चिंतन के ऊर्ध्व शिखर पर पहुंचा और ज्ञानात्मक चिंतन के बाद भक्ति की अविरल धारा प्रवाहित हुई।

विकास की इसी प्रक्रिया में बहुदेववाद और निर्गुण ब्रह्म की स्वरूपात्मक व्याख्या से धीरे- धीरे भारतीय मानस अवतारवाद या सगुण भक्ति की ओर प्रेरित हुआ। पुराण साहित्य सामान्यतया सगुण भक्ति का प्रतिपादन करता है। यहीं आकर हमें यह भी मालूम होता है कि सृष्टि के रहस्यों के विषय में भारतीय मनीषियों ने कितना चिंतन और मनन किया है। पुराण साहित्य को केवल धार्मिक और पुरा कथा कहकर छोड़ देना उस पूरी चिंतन-धारा से अपने को अपरिचित रखना होगा जिसे जाने बिना हम वास्तविक रूप में अपनी परंपरा को नहीं जान सकते।

परंपरा का ज्ञान किसी भी स्तर पर बहुत आवश्यक होता है क्योंकि परंपरा से अपने को संबद्ध करना और तब आधुनिक होकर उससे मुक्त होना बौद्धिक विकास की एक प्रक्रिया है। हमारे पुराण-साहित्य में सृष्टि की उत्पत्ति, विकास-मानव उत्पत्ति और फिर उसके विविध विकासात्मक सोपान इस तरह से दिए गए हैं कि यदि उनसे चमकदार और अतिरिक्त विश्वास के अंश ध्यान में न रखे जाएं तो अनेक बातें बहुत कुछ विज्ञानसम्मत भी हो सकती हैं क्योंकि जहां तक सृष्टि के रहस्य का प्रश्न है विकासवाद के सिद्धांत के बावजूद और वैज्ञानिक जानकारी के होने पर भी वह अभी तक मनुष्य की बुद्धि के लिए एक चुनौती है और इसलिए जिन बातों का वर्णन सृष्टि के संदर्भ में पुराण-साहित्य में हुआ है उसे एकाएक पूरी तरह से नहीं नकारा जा सकता।

महर्षि वेदव्यास को इन 18 पुराणों की रचना का श्रेय है। महाभारत के रचयिता भी वेदव्यास ही हैं। वेदव्यास एक व्यक्ति रहे होंगे या एक पीठ यह प्रश्न दूसरा है और यह बात भी अलग है कि सारे पुराण कथा-कथन शैली में विकासशील रचनाएं हैं। इसलिए उनके मूल रूप में परिवर्तन होता गया लेकिन यदि ध्यानपूर्वक देखा जाए तो ये सारे पुराण विश्वास की उस भूमि पर अधिष्ठित हैं जहां ऐतिहासिकता, भूगोल का तर्क उतना महत्त्वपूर्ण नहीं रहता जितना उसमें व्यक्त जीवन-मूल्यों का स्वरूप। यह बात दूसरी है कि जिन जीवन-मूल्यों की स्थापना उस काल में पुराण-साहित्य में की गई वे हमारे आज के संदर्भ में कितने प्रासंगिक रह गए हैं? लेकिन साथ में यह भी कहना होगा कि धर्म और धर्म का आस्थामूलक व्यवहार किसी तर्क और मूल्यवत्ता की प्रासंगिकता की अपेक्षा नहीं करता। उससे एक ऐसा आत्मविश्वास और आत्मलोक जन्म लेता है जिससे मानव का आंतरिक उत्कर्ष होता है और हम कितनी भी भौतिक और वैज्ञानिक उन्नति कर लें अंततः आस्था की तुलना में यह उन्नति अधिक देर नहीं ठहरती। इसलिए इन पुराणों का महत्त्व तर्क पर अधिक आधारित न होकर भावना और विश्वास पर आधारित है और इन्हीं अर्थों में इनका महत्त्व है।

जैसा कि हमने कहा कि पुराण-साहित्य में अवतारवाद की प्रतिष्ठा है। निर्गुण निराकार की सत्ता को मानते हुए सगुण साकार की उपासना का प्रतिपादन इन ग्रंथों का मूल विषय है। 18 पुराणों में अलग-अलग देवी देवताओं को केन्द्र में रखकर पाप और पुण्य धर्म और अधर्म तथा कर्म और अकर्म की गाथाएं कही गई हैं। उन सबसे एक ही निष्कर्ष निकलता है कि आखिर मनुष्य और इस सृष्टि का आधार-सौंदर्य तथा इसकी मानवीय अर्थवत्ता में कहीं-न-कहीं सद्गुणों की प्रतिष्ठा होनी ही चाहिए। आधुनिक जीवन में भी संघर्ष की अनेक भावभूमियों पर आने के बाद भी विशिष्ट मानव मूल्य अपनी अर्थवत्ता नहीं खो सकते। त्याग, प्रेम, भक्ति, सेवा, सहनशीलता आदि ऐसे मानव गुण हैं जिनके अभाव में किसी भी बेहतर समाज की कल्पना नहीं की जा सकती। इसीलिए भिन्न-भिन्न पुराणों में देवताओं के विभिन्न स्वरूपों को लेकर मूल्य के स्तर पर एक विराट आयोजन मिलता है। एक बात और आश्चर्यजनक रूप से पुराणों में मिलती है कि सत्कर्म की प्रतिष्ठा की प्रक्रिया में अपकर्म और दुष्कर्म का व्यापक चित्रण करने में पुराणकार कभी पीछे नहीं हटा और उसने देवताओं की

कुप्रवृत्तियों को भी व्यापक रूप में चित्रित किया है, लेकिन उसका मूल उद्देश्य सद् भावना का विकास और सत्य की प्रतिष्ठा ही है।

कलियुग का जैसा वर्णन पुराणों में मिलता है आज हम लगभग वैसा ही समय देख रहे हैं। अतः यह तो निश्चित है कि पुराणकार ने समय के विकास में वृत्तियों को और वृत्तियों के विकास को बहुत ठीक तरह से पहचाना। इस रूप में पुराणों का पठन और आधुनिक जीवन की सीमा में मूल्यों का स्थापन आज के मनुष्य को एक दिशा तो दे सकता है, क्योंकि आधुनिक जीवन में अंधविश्वास का विरोध करना तो तर्कपूर्ण है लेकिन विश्वास का विरोध करना आत्महत्या के समान है।

प्रत्येक पुराण में हजारों श्लोक हैं और उनमें कथा कहने की प्रवृत्ति तथा भक्त के गुणों की विशेषणपरक अभिव्यक्ति बार-बार हुई है लेकिन चेतन और अचेतन के तमाम रहस्यात्मक स्वरूपों का चित्रण पुनरुक्ति भाव से होने के बाद भी बहुत प्रभावशाली हुआ है और हिन्दी में अनेक पुराण यथावत् लिखे गए। फिर प्रश्न उठ सकता कि हमने इस प्रकार पुराणों का लेखन और प्रकाशन क्यों प्रारंभ किया। उत्तर स्पष्ट है कि जिन पाठकों तक अपने प्रकाशन की सीमा में अन्य पुराण नहीं पहुंचे होंगे हम उन तक पहुंचाने का प्रयास करेंगे और इस पठनीय साहित्य को उनके सामने प्रस्तुत कर जीवन और जगत् की स्वतंत्र धारणा स्थापित करने का प्रयास कर सकेंगे।

हमने मूल पुराणों में कही हुई बातें और शैली यथावत् स्वीकार की है और सामान्य व्यक्ति को भी समझ में आने वाली भाषा का प्रयोग किया है। किंतु जो तत्त्वदर्शी शब्द हैं उनका वैसा ही प्रयोग करने का निश्चय इसलिए किया गया कि उनका ज्ञान हमारे पाठकों को उसी रूप में हो। हम आज के जीवन की विडंबनापूर्ण स्थिति के बीच से गुजर रहे हैं। हमारे बहुत सारे मूल्य खंडित हो गए हैं। आधुनिक ज्ञान के नाम पर विदेशी चिंतन का प्रभाव हमारे ऊपर अधिक हावी हो रहा है इसलिए एक संघर्ष हमें अपनी मानसिकता से ही करना होगा कि अपनी परंपरा जो ग्रहणीय है, मूल्यपरक है उस पर फिर से लौटना होगा। साथ में तार्किक विदेशी ज्ञान भंडार से भी अपरिचित रहना होगा-क्योकि विकल्प में जो कुछ भी हमें दिया है वह आरोहण और नकल के अतिरिक्त कुछ नहीं। मनुष्य का मन बहुत विचित्र है और उस विचित्रता में विश्वास और विश्वास का द्वंद्व भी निरंतर होता रहता है। इस द्वंद्व से परे होना ही मनुष्य जीवन का ध्येय

हो सकता है। निरंतर द्वंद्व और निरंतर द्वंद्व से मुक्ति का प्रयास मनुष्य की संस्कृति के विकास का यही मूल आधार है। पुराण हमें आधार देते हैं और यही ध्यान में रखकर हमने सरल, सहज भाषा में अपने पाठकों के सामने पुराण-साहित्य प्रस्तुत करने का प्रयास किया है। इसमें हम केवल प्रस्तोता हैं, लेखक नहीं। जो कुछ हमारे साहित्य में है उसे उसी रूप में चित्रित करते हुए हमें गर्व का अनुभव हो रहा है।

'डायमण्ड पॉकेट बुक्स' के श्री नरेन्द्र कुमार जी के प्रति हम बहुत आभारी हैं कि उन्होंने भारतीय धार्मिक जनता को अपने साहित्य से परिचित कराने का महत् अनुष्ठान किया है। देवता एक भाव संज्ञा भी है और आस्था का आधार भी। इसलिए वह हमारे लिए अनिवार्य है और यह पुराण उन्हीं के लिए है जिनके लिए यह अनिवार्य है।

—डॉ. विनय

गणेश पुराण का महत्व

किसी भी पूजा-अर्चना या शुभ कार्य को सम्पन्न कराने से पूर्व गणेश जी की आराधना की जाती है। यह गणेश पुराण अति पूजनीय है। इसके पठन-पाठन से सब कार्य सफल हो जाते हैं। इस खंड में ऐसी कथाएं सूत जी ने सुनाई हैं जिससे हमेशा सब जगह मंगल ही होगा। सूत जी ने सबसे पहली कथा द्वारा बताया है कि किस प्रकार प्रजाओं की सृष्टि हुई और सर्वश्रेष्ठ देव भगवान् गणेश का आविर्भाव किस प्रकार हुआ।

आगे सूत जी ने शिव के अनेक रूपों का वर्णन किया है। वे कैसे सृष्टि की उत्पत्ति, संहार और पालन करते हैं। साथ ही यह भी बताया गया है कि विष्णु का एक वर्ष शिव के एक दिन के बराबर होता है। साथ ही सती की कथा है, जिसका विवाह शिवजी से हुआ।

दूसरा खण्ड परिचय खण्ड है जिसमें गणेश जन्म कथाओं का परिचय दिया गया है। इसमें अलग-अलग पुराणों के अनुसार कथा कही गई है। जैसे पद्म व लिंग पुराण के अनुसार। और अंत में गणेश की उत्पत्ति की सविस्तार से उत्पत्ति की कथा है।

तीसरा खण्ड माता पार्वती खण्ड है। इसमें पार्वती के पर्वतराज हिमालय के घर जन्म की कथा है और शिव से विवाह की कथा। आगे कार्तिकेय के जन्म की कथा है जिसमें तारकासुर के अत्याचार से लेकर कार्तिकेय के जन्म की कथा है। इस खण्ड में वशिष्ठ जी द्वारा सुनाई अरण्यराज की कथा है।

चौथा खण्ड युद्ध खण्ड : नाम खण्ड है। इसमें आरम्भ में मत्सर नामक असुर के जन्म की कथा है जिसने दैत्य गुरु शुक्राचार्य से शिव पंचाक्षरी मन्त्र की दीक्षा ली। आगे तारक नामक असुर की कथा है। उसने ब्रह्मा की अराधना कर त्रैलोक्य का स्वामित्व प्राप्त किया। साथ में इसमें महोदर व महासुर के आपसी युद्ध की कथा है। लोभासुर व गजानन की कथा भी है, जिसमें लोभासुर ने गजानन के मूल महत्त्व को समझा और उनके चरणों की वंदना करने लगा। इसी तरह आगे क्रोधासुर व लम्बोदर की कथा है। आगे फिर कामासुर, विघ्नराज, धूम्रवर्ण की कथा कही गई है।

पांचवां खण्ड महादेव पुण्य कथा खण्ड है। इसमें सूत जी ने ऋषियों को कहा, आप कृपा करके गणेश, पार्वती के युगों का परिचय दीजिए। तब आगे इस खण्ड में सत्तयुग, त्रेतायुग व द्वापर युग के बारे में बताया है। जन्मासुर, तारकासुर की कथा से इसका अन्त हुआ है।

अनुक्रमणिका

आरम्भ खण्ड

बहुत प्राचीन समय की बात है कि एक बार नैमिषारण्य में कथाकार सूतजी पधारे। उन्हें आया देखकर वहां रहने वाले ऋषि मुनियों ने उनका अभिवादन किया। अभिवादन के बाद सभी ऋषि-मुनि अपने-अपने आसन पर बैठ गए तब उन्हीं में से किसी एक ने सूतजी से कहा- 'हे सूत जी! आप लोक और लोकोत्तर के ज्ञान-ध्यान से परिपूर्ण कथा वाचन में सिद्धहस्त हैं। हमारा आप से निवेदन है कि आप हमें हमारा मंगल करने वाली कथाएं सुनायें।'

ऋषि-मुनियों से आदर पाकर सूतजी बहुत प्रसन्न हुए। उन्होंने कहा- 'आपने जो मुझे आदर दिया है वह सराहनीय है। मैं यहां आप लोगों को परम कल्याणकारी कथा सुनाऊंगा।'

सूतजी की बात सुनकर ऋषि बोले-'आप हमें कौन-सी कथा सुनायेंगे?'

यह सुनकर सूतजी ने कहा- 'ब्रह्मा, विष्णु, महेश ब्रह्म के तीन रूप हैं। मैं स्वयं उनकी शरण में रहता हूं। यद्यपि विष्णु संसार पालक हैं और वह ब्रह्मा की उत्पन्न की गयी सृष्टि का पालन करते हैं। ब्रह्मा ने ही सुर-असुर, प्रजापति तथा अन्य यौनिज और अयौनिज सृष्टि की रचना की है। रुद्र अपने सम्पूर्ण कल्याणकारी कृत्य से सृष्टि के परिवर्तन का आधार प्रस्तुत करते हैं। पहले तो मैं तुम्हें बताऊंगा कि किस प्रकार प्रजाओं की सृष्टि हुई और फिर उनमें सर्वश्रेष्ठ देव भगवान् गणेश का आविर्भाव कैसे हुआ।

भगवान् ब्रह्मा ने जब सबसे पहले सृष्टि की रचना की तो उनकी प्रजा नियमानुसार पथ में प्रवृत्त नहीं हुई। वह सब अलिप्त रह गए। इस कारण ब्रह्मा ने सबसे पहले तामसी सृष्टि की, फिर राजसी। फिर भी इच्छित फल प्राप्त नहीं हुआ। जब रजोगुण ने तमोगुण को ढक लिया तो उससे एक मिथुन की उत्पत्ति हुई। ब्रह्मा के चरण से अधर्म और शोक से इन्सान ने जन्म लिया। ब्रह्मा ने उस मलिन देह को दो भागों में विभक्त कर दिया।

एक पुरुष और एक स्त्री। स्त्री का नाम सतरूपा हुआ। उसने स्वयंभू मनु का पति के रूप में वरण किया और उसके साथ रमण करने लगी।

रमण करने के कारण ही उसका नाम रति हुआ। फिर ब्रह्मा ने विराट का सृजन किया। तब विराट से वैराज मनु की उत्पत्ति हुई। फिर वैराज मनु और सतरूपा से प्रियव्रत और उत्तानुपात दो पुत्र उत्पन्न हुए और आपूति तथा प्रसूति नाम की दो पुत्रियां हुईं।

इन्हीं दो पुत्रियों से सारी प्रजा उत्पन्न हुई। मनु ने प्रसूति को दक्ष के हाथ में सौंप दिया। जो प्राण है वह दक्ष है और जो संकल्प है, वह मनु है। मनु ने रुचि प्रजापति को आपूति नाम की कन्या भेंट की। फिर इनसे यज्ञ और दक्षिणा नाम की सन्तान हुई। दक्षिणा से बारह पुत्र हुए जिन्हें याम कहा गया। इनमें श्रद्धा, लक्ष्मी आदि मुख्य हैं। इनसे फिर यह विश्व आगे विकास को प्राप्त हुआ।

अधर्म को हिंसा के गर्भ से निर्कति उत्पन्न हुई और अनिद्ध नाम का पुत्र उत्पन्न हुआ। फिर इसके बाद यह वंश क्रम बढ़ता गया। कुछ समय बाद नीलरोहित, निरूप, प्रजाओं की उत्पत्ति हुई और उन्हें रुद्र नाम से प्रतिष्ठित किया गया। रुद्र ने पहले ही बता दिया था कि यह सब शतरुद्र नाम से विख्यात होंगे। यह सुनकर ब्रह्माजी प्रसन्न हुए और फिर इसके बाद उन्होंने पृथ्वी पर मैथुनी सृष्टि का प्रारम्भ करके शेष प्रजा की सृष्टि बन्द कर दी।

सूतजी की बातें सुनकर ऋषि-मुनियों ने कहा, 'आपने हमें जो बताया है, उससे हमें बड़ी प्रसन्नता हुई है। आप कृपा करके हमें हमारे पूजनीय देव के विषय में बताइये। जो देवता हमें पूज्य हों और उसकी कृपा से हमारे और आगे आने वाली प्रजाओं के कल्याणकारी कार्य सम्पन्न हों।' ऋषियों की बात सुनकर सूतजी ने कहा कि ऐसा देव तो केवल एक ही है और वह है महादेव और पार्वती के पुत्र श्री गणेश।

गणेश का नाम सुनते ही ऋषि मुनि बहुत प्रसन्न हुए और उन्होंने सूतजी से निवेदन किया कि 'आप हमें गणेशजी के विषय में पर्याप्त विस्तार से बताइये क्योंकि अभी तक आपने जो कुछ भी बताया है, उससे पता चलता है कि महादेव पुत्र गणेशजी के जन्म के विषय में अनेक कथाएं प्रचलित हैं।'

सूतजी अपने आसन पर बहुत ध्यानपूर्वक बैठ गए, क्षणभर उन्होंने कुछ सोचा और फिर कहना प्रारम्भ किया- 'गणेशजी देवों में देव श्रेष्ठ देव हैं, जो भी कार्य उनको नमन करके प्रारम्भ किया जाता है, वह सफलता प्राप्त करता है।'

सूतजी ने बताया जो ऋषि-मुनि, मनुष्य, पृथ्वी का वासी 'गणेशाय नमः' का पाठ करके अपना कार्य प्रारम्भ करता है, उसे निश्चित ही अपने कार्य में सफलता मिलती है।'

मुनियों ने सूतजी से कहा, 'पहले तो आप कृपा करके हमें भिन्न रूपों से गणेशजी के जन्मों को वृत्तांत सुनाइये, वे तो महाप्रभु हैं, उनके जन्म को विभिन्न पुराणों में अलग-अलग रूपों से गाया गया है, और हे सूतजी। हम सृष्टि की आदि व्यवस्था के विषय में भी जानना चाहते हैं।' सूतजी ने मुनियों की जिज्ञासा जानकर कहा, 'पहले मैं आपको शिव और गणेश के चरित्र वर्णन से लाभ देकर यह बताऊंगा कि ब्रह्मा, विष्णु और महेश भगवान् रुद्र के अंश से रचे गए हैं।'

ऋषिगण बोले, 'कृपया यह बताएं कि शिव और गणेश का सर्वश्रेष्ठ रूप व चरित्र क्या है? शिवजी के पुत्र को कैसे प्रसन्न किया जा सकता है? जैसा कि आपने कहा- ब्रह्मा, विष्णु और महेश भगवान् रुद्र के अंश से उत्पन्न हुए। पर फिर भी महेश ही पूर्णांश के रूप में माने जाते है।'

सूतजी ने कहा, 'एक बार नारदजी ने भी ब्रह्माजी से ऐसा ही प्रश्न किया था। ब्रह्माजी ने संसार की रचना, उत्पत्ति और स्वरूप का वर्णन नारदजी से इस प्रकार किया-

'सृष्टि की प्रारम्भिक अवस्था में जब प्रलय हुई और उस विनाश काल में स्थावर-जंगम, सूर्य, ग्रह, तारे सब नष्ट हो गए तो केवल एक सद्ब्रह्म ही शेष बचे थे। उस अंधकार के साम्राज्य में सद्ब्रह्म ही मन, वाणी और इन्द्रियों के ज्ञान के प्रकाश से भरे हुए थे। जो योग द्वारा ध्यानगम्य थे। वे नाम, रूप, वर्ण, सत्-असत् और अन्य कर्म से परे थे।

'ब्रह्माजी ने नारदजी से कहा कि प्रलयकार के बाद सत्य, ज्ञान, परम तत्त्व व अनंत रूप ही शिव का लिंग उस सद्ब्रह्म स्वरूप में बचा रहा। इस रूप को ही भक्त व ज्ञानी ईश्वर या भगवान् के नाम से पूजते हैं। यह शिव का महान् रूप ही परमेश्वर कहलाया। ये शिव ही अपने से अनश्वर शक्ति उत्पन्न कर्त्ता हैं। परमेश्वर के इसी स्वरूप का नाम ही प्रकृति, माया और निर्विकार बुद्धि से जाना जाता है। प्रकृति ही शक्ति रूपा, अंबिका, त्रिदेव-जननी, नित्य तथा मूल प्रकृति कहलाती है। प्रकृति देवी है। वही परमेश्वरी कहलाई। बाद में प्रकृति के अंबिका रूप में आठ भुजाएं और विचित्र मुख प्रकट हुए। सांसारिक माया के संयोग से यह अन्य अनेक रूपों में बदल गई।

उस पर ब्रह्म रूप शिव के माथे पर चन्द्रमा और सिर पर गंगा सुशोभित होती है। उनके तीन नेत्र, पांच मुख और दस भुजाएं हैं जो उनके विचित्र और शक्तिमय पावन रूप की द्योतक हैं। जिन्होंने हाथ में त्रिशूल ले रखा है। वे काल स्वरूप भगवान् और परमेश्वर हैं। काशी क्षेत्र, शिव ने ही अपने शिव रूप में स्थापित किया है। जहां सदा शिव और पार्वती दोनों निवास करते हैं। यह क्षेत्र कभी भी उनसे रहित नहीं होता। यही कारण है कि यह अत्यधिक पावन और अविमुक्त क्षेत्र कहलाता है। ब्रह्माजी ने नारदजी से कहा कि शिवजी की इच्छा थी कि वे सृष्टि की रचना करें पर उन्होंने इसका दायित्व अपने ऊपर नहीं लिया। अपने दक्षिण भाग के दशमांश से एक पुरुष का आविर्भाव किया। इस महान् पुरुष का नाम शिवजी ने विष्णु रखा और उन्हें गहन तपस्या करने का आदेश दिया।

विष्णु लम्बे समय तक तप में लीन रहे। फिर एक दिन शिवजी उन पर प्रसन्न हो गये। जिससे विष्णुजी के शरीर से अनेक जलधाराएं निकलने लगीं। उन जलधाराओं को देख विष्णुजी उन पर मोहित हो गये और निश्चिंत होकर सो गये। नार अर्थात् जल पर सोने के कारण संसार में उन्हें नारायण के नाम से पुकारा जाने लगा। उसी समय से विष्णुजी से ही सृष्टि के सारे तत्त्वों का जन्म और उनका विस्तार हुआ है।

इसी प्रक्रिया में प्रकृति के तीन गुण-अहंकार, अहंकार से पांच तन्मात्राएं-शब्द, रूप, रस, गंध और पंचभूत (पृथ्वी, जल, आकाश, तेज और वायु) प्रकट हुए।

उसके बाद पांच ज्ञानेन्द्रियां-नेत्र, कान, नाक, जिह्वा और त्वचा की उत्पत्ति हुई। फिर पांच कर्मेन्द्रियां- वाणी, चरण, हस्त, गुदा और उपस्थ उत्पन्न हुए। इस प्रकार शिवजी की इच्छा से ही 24 प्रकार का सार तत्व रूपक प्रकट हुआ।

नारायण के सो जाने पर शिवजी ने ही अपनी इच्छा से उनकी नाभि से एक कमल की उत्पत्ति की। उसी कमल से उस परब्रह्म शिव ने ब्रह्मा अर्थात् मेरी उत्पत्ति की। कुछ समय उपरान्त मैंने अपने जनक अर्थात् कर्त्ता को ढूंढने की कोशिश की। पर मैं उनका पता न पा सका। फिर धीरे-धीरे मैं नाल के सहारे ऊपर आ गया। बाहर आते ही मुझे एक आकाशवाणी सुनाई दी। जिसके अनुसार मैंने 12 वर्ष तक घोर तप किया। उस तप से प्रसन्न होकर विष्णुजी ने मुझे दर्शन दिए।

ब्रह्माजी कहने लगे, पर नारद, मैं उन्हें पहचान नहीं पाया। उन्होंने अपने को मेरा पिता बताया तो मैंने उनका तिरस्कार और अपमान कर दिया। हमारे बीच विवाद छिड़ गया और उसने एक संघर्ष का रूप ले लिया। उसी समय दोनों के बीच सहसा स्तम्भ रूप में लिंग प्रकट हुआ और हम दोनों ने युद्ध बंद करके उनसे उनका परिचय देने की प्रार्थना की।

उस समय हमने 'ओ३म्' की गंभीर ध्वनि सुनी तथा शिवलिंग को विष्णुजी ने एक विशेष रूप में देखा। शिवजी ने अपना परिचय दिया। शिवजी के दक्षिण भाग में अकार, उत्तर भाग में उकार और मध्य भाग में मकार को देखा। सत्य, आनंदरूप, परब्रह्म ही 'ओ३म्' के रूप में दिखाई दे रहा था।

ब्रह्माजी ने आगे कहा कि तभी एक महात्मा वहां आए और कहने लगे ओ३म् शिवजी का ब्रह्म स्वरूप है। जो अगोचर, अनन्त और अगम है। 'ओ३म्' के अन्ड और म् के वर्ण ब्रह्मा, विष्णु और महादेव के प्रतीक हैं। यह तीनों रूप ही प्रकृति में सम्मोहन अनुग्रह और कर्मों के प्रतीक हैं।

ब्रह्माजी ने नारदजी से कहा इन तीनों रूपों मे अकार बीज है, उकार कारण रूप योनि है और मकार बीजी है। महेश्वर की इच्छा से बीजी, बीज योनि में गिरकर चारों दिशाओं में विकसित होने लगा। उससे एक सुवर्ण रूप अंड उत्पन्न हुआ और वह

अनेक वर्षों तक जल में स्थित रहा। बाद में इसके दो भाग हो गये। ऊपर के भाग से स्वर्गलोक की उत्पत्ति तथा नीचे भाग से भूलोक प्रकट हुए। उसी अंड से ही शिवजी का आविर्भाव हुआ है।

ब्रह्म शिवजी के ही तीनों रूपों-ब्रह्मा, विष्णु और महेश के स्वरूप हैं। मैंने और विष्णुजी ने वेद मंत्रों से उनकी स्तुति और भक्ति की। शिवजी अपना दिव्य रूप, कांतिमय दस भुजा और पांच मुख लेकर सामने प्रकट हुए। उन्हें देखकर हमें बड़ा संतोष मिला। शिव की कृपा से ही 48 अक्षरों वाला गायत्री मंत्र, शिवमंत्र, मृत्युंजय मंत्र, चिंतामणि मंत्र तथा दक्षिण मूर्ति मंत्र उत्पन्न हुए। मैं और मेरे कर्त्ता विष्णु उनकी स्तुति में संलग्न हो गए। ब्रह्माजी ने इस प्रकार नारदजी से शिव के दिव्य व महान् रूप की चर्चा की।

विष्णुजी की भक्ति और स्तुति से भगवान शंकर बहुत प्रसन्न हुए। तभी विष्णु ने उनसे पूछा आप किस प्रकार प्रसन्न होते हैं और आपका दिव्य रूप और चरित्र क्या है? कृपया अनुग्रह करके उसका सारा विवरण मुझे सुनाएं।

भगवान् शंकर ने कहा कि एक समय की बात है- नारदजी हिमालय की सुन्दर कन्दराओं में बैठकर घोर तप करने लगे। 'अहं ब्रह्मास्मि' की भावना से समाधि में लीन हो गये और ब्रह्म विधान को अपनाया। नारदजी की तपस्या को देख इन्द्र चिन्तित हुए और कामदेव से सहायता मांगी। क्योंकि इन्द्र को यह डर था कि नारद कहीं तप में सफलता पाकर मेरा ही पद न छीन लें।

इन्द्र के कहने पर कामदेव ने अपने समस्त क्रियाकलापों द्वारा नारदजी के तपस्या क्षेत्र में जाकर उनकी तपस्या भंग करने का अथक प्रयास किया। पर नारदजी में तनिक-सा भी विकार उत्पन्न न हुआ। शिवजी ने भी नारद के तप को बनाए रखने में कामदेव के प्रयासों को असफल कर दिया और वह सारा क्षेत्र कामदेव के प्रभाव से रहित कर दिया। अंततः नारदजी अपनी तपस्या में सफल हो गए।

जब कामदेव की असफलता का समाचार इन्द्र को मिला तो वह स्वयं नारदजी की प्रशंसा करने लिए उनके पास गये। नारदजी में भी काम और गर्व की भावना उत्पन्न

हो गई और वे शिवजी के पास जाकर अपनी काम विजय की स्वयं प्रशंसा करने लगे। शिवजी ने नारदजी को आत्म प्रशंसा और अपना प्रचार न करने की सलाह दी। पर नारदजी ने उनका परामर्श नहीं माना।

शिवजी के पास से नारदजी ब्रह्मा के पास चले गए। वहां भी उन्होंने अपनी काम विजय की प्रशंसा की। उसके बाद भ्रमण करते हुए वे विष्णु लोक को भी गए। सब स्थानों पर जाकर अहंकारवश काम विजय की कथा सुनाई।

विष्णु लोक में नारदजी का भरपूर स्वागत हुआ। उनके ज्ञान, वैराग्य और तप की प्रशंसा की गई और मन-ही-मन शिवजी की स्तुति भी। परन्तु नारदजी का अहंकार और मद इतना बढ़ रहा था कि उसका नाश होना आवश्यक हो गया। विष्णु और शिव ने मिलकर उनके अहंकार को तोड़ने की एक योजना बनाई। नारदजी के मार्ग में उन्होंने एक सुन्दर नगर बसाया। उसके शासक शीलनिधि की अनुपम सौन्दर्यमयी कन्या का स्वयंवर करवाया गया।

भ्रमण करते-करते जब नारदजी वहां पहुंचे तो उस अद्वितीय रूपसी कन्या ने उन्हें प्रणाम किया। नारदजी उस सुन्दर कन्या पर शीघ्र ही मुग्ध हो गए। उस कन्या की भाग्य रेखाओं में नारदजी ने पढ़ा कि उसका पति अजेय होगा। बस क्या था वे उसे पाने को लालायित हो उठे। उसे प्राप्त करने की तीव्र इच्छा लेकर वे विष्णुजी के पास गए। उन्होंने उस कन्या को वरण करने की बात विष्णु से कही और साथ ही विष्णु का रूप मांगा। तब विष्णु ने प्रसन्न होते हुए नारदजी को वानर रूप देकर उनका मोह भंग करने का प्रयास किया। नारदजी वानर रूप लेकर शीलनिधि के यहां स्वयंवर में जा उपस्थित हुए।

नारदजी खुशी-खुशी स्वयंवर के स्थान पर पहुंचे। शिवजी की अद्भुत शक्ति के कारण वहां उपस्थित राजाओं ने नारदजी को उनके वास्तविक रूप में ही देखा। शिवजी के दो गण भी वहां ब्राह्मण वेश में उपस्थित थे। वे गण नारदजी से परिहास करने लगे। जब शीलनिधि की कन्या वरमाला लेकर स्वयंवर में आई तो वे उसे उचक-उचक कर देखने लगे। वह रूपसी कन्या उन्हें देखकर चिन्तायुक्त हो गई। कन्या ने जैसे ही द्वार पर

देखा तो भगवान् विष्णु अपने अनुपम रूप में वहां खड़े थे। कन्या ने शीघ्रता से वरमाला उनके गले में डाल दी। यह सब देखकर नारद बहुत दुःखी हुए तथा शिवगणों के कहने पर उन्होंने जल में अपना प्रतिबिम्ब देखा।

बस नारदजी क्रोध व दुःख से भरकर सीधे विष्णु के पास पहुंचे और स्त्री-वियोग से दुखी रहने का शाप उन्हें दे दिया। साथ ही यह भी कह दिया कि इस दुःख को दूर करने के लिए आपको वानरों की ही सहायता लेनी पड़ेगी। शिवजी के मायाचक्र को समझते हुए विष्णु ने उस शाप को भी शिरोधार्य कर लिया।

नारदजी के घमंड को चूर-चूर करने के लिए ही शिवजी ने अपना मायाजाल फैलाया था। जैसे ही नारदजी को अपनी स्थिति का ज्ञान हुआ तो वे अपने आचरण के लिए विष्णुजी के चरणों में गिरकर क्षमा मांगने लगे। भगवान् शंकर का मायाजाल भी नारदजी की समझ में आ गया।

नारदजी को यह जानकर बहुत आश्चर्य हुआ कि भगवान् त्रिपुरारी के आदेश पर ही ब्रह्मा, विष्णु तथा अन्य देवता कार्य करते हैं। शिव ही आदि और मूल रूप हैं। वही तीनों रूपों में प्रख्यात हैं। सृष्टि जन्मदाता ब्रह्मा, पालनकर्त्ता विष्णु और संहारकर्त्ता महेश या रुद्र। शिवजी को रुद्राक्ष और भस्म धारण करके पूजने से वे प्रसन्न होते हैं। साधक का अज्ञान दूर होता है।

भगवान् नारायण ने कहा, 'हे मुनिवर! आप शिवजी की शरण में जाइए। वह आपका कल्याण जरूर करेंगे। ब्रह्माजी से शिव स्तोत्र का पाठ सुनिए और शिवजी की वन्दना कीजिए।' फिर नारदजी ने ब्राह्मण वेशधारी गणों को भी देखा उन्हें अपने द्वारा गणों को दिए गए शाप पर अत्यंत खेद हुआ पर उनकी वाणी असत्य तो हो नहीं सकती थी अत: नारदजी ने गणों के उद्धार के लिए उपाय बताया। नारदजी ने कहा- 'हे गण! तुम किसी श्रेष्ठ मुनि के घर जन्म लेकर राक्षस बनोगे और तुम्हें अतुल बल, प्रताप और ऐश्वर्य प्राप्त होगा।'

शिवगण उनकी आशीष वाणी को सुनकर प्रसन्न होकर चले गए।

ऋषियों ने सूतजी से पूछा कि अब कृपा कर यह बताएं कि शिव के अनेक रूप क्या हैं? वे कैसे सृष्टि की उत्पत्ति पालन और संहार करते हैं। सूतजी ने शिवजी का पूरा वर्णन इस प्रकार किया-

उत्पत्ति के आधार पर चार हजार पुंज का ब्रह्मारूपी मेरा एक दिन होता है। इतने ही परिमाण की रात्रि होती है। इसी परिमाण के आधार पर शिवजी की आयु सौ वर्ष होगी। प्रत्येक वर्ष में 12 महीने और एक माह में 30 दिन होंगे, परिमाण पूर्व निश्चित होंगे।

शिवजी का एक वर्ष विष्णुजी का एक दिन होगा और इस रूप में उनकी आयु सौ वर्ष की होगी। विष्णु का एक वर्ष शिव के एक दिन के बराबर होगा। इसी क्रम में विष्णु सौ वर्ष के हो जाएंगे। रुद्रजी का एक सांस ब्रह्मा, विष्णु और हर गंधर्व है। राक्षस तथा सपों का 2,100 अहोरात्र का परिमाण होगा। रुद्रजी के श्वांस लेने से एक पल व्यतीत होता है और इस प्रकार 60 पलों की एक घड़ी और 60 घड़ियों का रुद्र का एक दिन होगा। रुद्र के श्वांस लेने की संख्या में कोई गिनती होती ही नहीं और जब सारी सृष्टि भी समाप्त हो जाएगी तो केवल रुद्र ही रहेंगे और शासन करेंगे।

विष्णुजी ने नारदजी को समझाया था कि आप शिवजी की अर्चना और पूजा कीजिए तो आपका कल्याण होगा। ऐसा कहकर विष्णु अंतर्धान हो गए। नारदजी पृथ्वी पर आकर विभिन्न स्थानों पर जाकर शिवलिंगों की पूजा करने लगे। यहां पर ही ब्राह्मण वेशधारी गण भी नारदजी को मिले थे जिन्हें उन्होंने शाप के उद्धार का उपाय बताया था।

ब्रह्मा और विष्णु ने सदा ही शिवजी की आज्ञा को शिरोधार्य किया। इससे शिवजी सन्तुष्ट होकर अंतर्धान हो जाते हैं। इस वृत्तांत को सुनाकर सूतजी बोले कि तभी से संसार में शिवलिंगों की पूजा होती है। सर्वप्रथम ब्रह्मा और विष्णु ने लिंग पूजा को अपनाया था। सूतजी ने कहा विधि-विधान से प्रतिष्ठित लिंग की उपासना ऋद्धि-सिद्धि देने वाली है। गुणों की महत्ता के आधार पर रुद्र का श्रेष्ठ रूप स्वयं भगवान् शंकर ही हैं।

मुनिवर ने सूतजी के प्रति कृतज्ञता प्रकट की और शिव पूजन का विधि-विधान बताने का अनुरोध किया। ऋषियों के प्रश्न को सुनकर सूतजी ने कहा कि ब्रह्मा से नारदजी ने, उपमन्यु से कृष्ण ने और सनत कुमार से व्यासजी ने यही प्रश्न किया था। सूतजी ने शिवलिंग की पूजा का विधि-विधान ऋषियों को बताया।

प्रत्येक दिन ब्रह्ममुहूर्त में उठकर शिवभक्त को शिव, गुरुदेव और तीर्थों का स्मरण करते हुए शिव स्तोत्र का पाठ करना चाहिए। नित्य कर्म व स्नान आदि से निवृत्त होकर सर्वप्रथम गणेशजी की पूजा करनी चाहिए। उसके पश्चात् शिवलिंग की स्थापना करके तीन बार प्राणायाम और तीन बार आचमन करें। 'त्र्यंबकम यजामहे' मंत्र का उच्चारण करके शिवजी का ध्यान करना चाहिए। फिर प्रणव मंत्र से षडन्यास करते हुए शिवजी की पूजा आरम्भ करें।

शिवभक्त वेदमंत्र का उच्चारण करते हुए सहस्र जलधारा से शिवलिंग को स्नान कराएं। चंदन, पुष्पमालाएं अर्पित करते हुए प्रणाम करें। अंजलि में पुष्प लेकर आप्त काम होने, इच्छित फल पाने की कामना करते हुए शिवलिंग पर फूलों की वर्षा करें। मन से अपराधों की क्षमा-याचना करके आचमन करें। फिर अपनी कार्यसिद्धि के लिए प्रयास करें। निश्चय ही शिवजी उन भक्तों पर कृपा करते हैं।

पूर्व समय की बात है कि संसार के दुःखों और कष्टों को देखकर ब्रह्माजी ने मन में उनके उपकार का विचार आया। वे अन्य देवताओं को लेकर विष्णु लोक को गए। वहां जाकर ब्रह्माजी ने विष्णुजी से प्रश्न किया कि दुरित-विनाश के लिए किस देवता की पूजा करनी चाहिए। विष्णुजी बोले बस एक भगवान् रुद्रदेव ही हैं जो सब दुःखों का निवारण करते हैं। वे ही पूजनीय व सेव्य हैं। शिवजी की पूजा से मनुष्य के सभी दुरित नष्ट होते हैं और सुख व मुक्ति के मार्ग सुलभ हो जाते है। विश्वकर्मा ने विष्णुजी के आदेश से अनेक शिवलिंगों की रचना की और उन्हें विभिन्न देवताओं को दे दिया।

जब देवताओं को शिवलिंग की प्राप्ति हो चुकी तो विष्णुजी ने ब्रह्म की प्राप्ति के लिए प्रतिमा-पूजन ही साधन बताया। जैसे जड़ को सींचने से शाखाएं हरी-भरी हो जाती हैं, वैसे ही शिवलिंग की पूजा से सभी देवता प्रसन्न हो जाते हैं। विष्णु से यह

जानकर देवतागण अपने-अपने धाम लौट आए और एकचित्त होकर, निष्ठापूर्वक शिवलिंग की पूजा करने लगे। ब्रह्माजी ने नारदजी से यह भी कहा कि किन पत्र-पुष्पों से शिवजी की पूजा करने से क्या फल मिलता है।

लक्ष्मी प्राप्ति के लिए शिव की पूजा कमल-पत्र, शंख-पुष्प और बेल-पत्र से करनी चाहिए। 50 कमल-पुष्पों से शिवपूजन रोग निवारक होता है। एक सहस्र कमलों की पूजा भार्यादायक होती है। मुक्ति का इच्छुक कुशा से, आयु का इच्छुक दूर्वा से तथा पुत्र के इच्छुक को धतूरे से शिवलिंग की पूजा करनी चाहिए। शत्रुनाश के लिए शिवजी की पूजा आक के फलों से करनी चाहिए। प्रताप का इच्छुक भी आक से पूजा करे। कनेर के पुष्पों से की गई पूजा दरिद्रता दूर करती है। हर सिंगार के पुष्पों से की गई पूजा सुख-समृद्धि प्रदान करती है। शत्रु की मृत्यु के लिए राई के पुष्पों से पूजा करनी चाहिए। केतकी और चम्पा पुष्प शिव पूजा के विधान से बहिष्कृत हैं।

ऋषियों ने सूतजी से पूछा कि शिवजी अंतर्ध्यान कैसे हो गए। तो उन्होंने कहा कि नारदजी ने भी ब्रह्मा से यह प्रश्न किया था। तब ब्रह्माजी ने बताया कि शिवजी के अंतर्ध्यान होने पर मैंने हंस का और विष्णु ने वाराह का रूप धारण कर लिया और सृष्टि की रचना पर विचार करने लगे। हंस और वाराह का रूप धारण करने का कारण भी ब्रह्माजी ने बताया।

हंस की गति सदैव ऊपर जाने की और वाराह की गति सदैव नीचे जाने की होती है। नारदजी की जिज्ञासु दृष्टि को देख ब्रह्माजी ने उन्हें समझाया कि हंस में क्षीर-नीर जैसे विवेक बुद्धि और तत्त्व-अतत्त्व ज्ञान की अद्भुत शक्ति है। हंस ही ज्ञान-अज्ञान के निर्धारण में सर्वाधिक सक्षम हैं, वाराह की नीचे जाने की निश्चल गति होती है। अतः विष्णु ने उसका रूप धारण कर लिया।

सृष्टि की रचना से परिचित कराते हुए ब्रह्माजी ने नारदजी से कहा शिवजी के अंतर्ध्यान हो जाने पर विष्णुजी ब्रह्मांड को छोड़कर बैकुण्ठ चले गए और उस समय मैंने शिव और विष्णु को सर्वप्रथम प्रणाम किया तथा सबसे पहले जल का निर्माण किया। उस जल में एक अंजलि डालकर चौबीस तत्त्वों वाला एक अंड प्रकट किया।

बाद में बह विराट रूप में प्रकट हुआ। ब्रह्माजी ने नारदजी से कहा कि उस विराट रूप में चेतना व जीवन डालने के लिए मैंने 12 वर्ष घोर तप किया। फलस्वरूप अंत में विष्णु ने उस अंड में प्रविष्ट होकर उसे चैतन्य किया। इसके बाद जब मैंने सृष्टि रचना का कार्य प्रारम्भ किया तो सर्वप्रथम अविद्या और अधंकार प्रधान पाप की सृष्टि की रचना मेरे सामने प्रकट हुई।

उससे मैंने स्थावरों की रचना की। फिर मैं पुनः मुख्य सृष्टि का निर्माण करने के लिए शिवजी का ध्यान करने लगा। उनकी अनुकम्पा से तिरछे चलने वाले जीव पैदा हुए। पर नारदजी मैं उस सृष्टि रचना से संतुष्ट नहीं हुआ। मैंने सतोगुणी देवों की सृष्टि की रचना की । उसके बाद शिवजी की आज्ञा से मैने रजोगुण प्रधान मानव की रचना की । इस प्रकार तामसी स्थावर देव और मानव सृष्टि का निर्माण हो जाने के बाद मैंने अनेक सर्गों की रचना करने का विचार किया।

सर्गों की रचना में तीन सर्ग उत्पन्न हुए। पहला महत् सर्ग, दूसरा सूक्ष्म भौतिक सर्ग तथा तीसरा वैचारिक सर्ग। वैचारिक सर्ग से प्राकृतिक सृष्टि उत्पन्न हुई। इस प्रकृति में विकार उत्पन्न हो जाने पर अवर्णनीय कुमार सर्ग की उत्पत्ति हुई। द्विजात्मक सर्ग के अस्तित्व में आने पर मानस पुत्र और सनकादि उत्पन्न हुए। सनकादि को वैराग्य भावना थी अत: उन्होंने सृष्टि-रचना के मेरे आदेश की अवज्ञा की। उनके व्यवहार पर मुझे अत्यधिक क्रोध आया और उसके कारण मेरे नेत्रों से आंसू भी आने लगे। मेरी दुखित अवस्था को देखकर भगवान् विष्णु प्रकट हुए और मुझे सांत्वना दी। उन्होंने कहा कि मैं भगवान् शिव की आराधना करूं। मेरे शिव ध्यान से भगवान् शंकर प्रसन्न हुए वे अर्धनारीश्वर नीलोहित शिवरूप में प्रकट हुए और मेरी प्रार्थना पर उन्होंने अपने अनुकूल रुद्रों की स्थापना की। ब्रह्माजी ने शिवजी से प्रार्थना की कि ऐसी मानवीय सृष्टि की रचना करें जो मरणधर्मा हो। पर महादेव इस कार्य को करने को तैयार न हुए। उन्होंने दुःख सागर में निमग्न होने वाली और शुभ न लगने वाली सृष्टि की रचना न करने की इच्छा प्रकट की। शिव ने कहा कि 'मैं शरणागत का उद्धार करता हूं और उसे तत्त्व ज्ञान कराता हूं। इसलिए मैं सुख-दुःखमय प्रजा की सृष्टि नहीं करूंगा। ऐसी सृष्टि का कार्यभार आप ही संभालें। हां, मायावी बाधा तुम्हें इस कार्य में नहीं होगी।'

ऐसा कहकर शिव तो अंतर्ध्यान हो गए और ब्रह्माजी ने अपने कार्य (सृष्टि-रचना) को करते रहने का विचार बना लिया। ब्रह्माजी ने पंचभूतों के पंचीकरण के द्वार पृथ्वी, जल, वायु, आकाश, पर्वत, समुद्र, वृक्ष-आदि तथा कालादि से युक्त युग व पलों की सृष्टि की।

हे नारद! इस पर भी मैं संतुष्ट न हुआ। फिर मैंने पुनः शिवजी का ध्यान किया। इस बार मैंने अंबिका सहित शिवजी की स्तुति की थी। इसलिए उसके बाद मुझे जो शक्ति प्राप्त हुई उससे मैं संतुष्ट हुआ। फिर मैंने नेत्र से मरीचि को, हृदय से भृगु को, समान वायु से वशिष्ठ को, अपान वायु से ऋतु को, अंगिरा को सिर से, पुलह को कर्ण से, पलस्थ को उदान वायु से, अत्रि को श्रोत से, दत्र को प्राण से निर्मित किया। हे नारद! अपनी छाया से तुम्हें और कर्दम को बनाया। सब साधनों के आधार भूत धर्म को अपने संकल्प से जन्म दिया। फिर मैंने परम संतोष का अनुभव किया। सृष्टि-रचना के इसी क्रम से मैंने स्वयं को दो रूपों में विभक्त किया। एक पुरुष और एक नारी। पुरुष का रूप मनु और स्त्री का रूप शतरूपा था। उन स्त्री व पुरुष में मैंने मैथुनी सृष्टि उत्पन्न की। उन दोनों से दो पुत्र-प्रियव्रत व उत्तानपाद तथा तीन पुत्रियां-आकूति, देवहूति व प्रसूति उत्पन्न हुए। आकूति को रुचि ने ग्रहण किया, देवहूति को कर्दम ने और दक्ष प्रजापति ने प्रसूति को ले लिया। इन सब संतानों से चर-अचर संसार भर गया। जगत् में इस प्रकार मेरे ही सब रूप फैल गए।

आकूति से दो संतान उत्पन्न हुई- दक्षिण और यज्ञ। फिर यज्ञ ने दक्षिण के बारह पुत्रों को जन्म दिया। देवहूति से भी अनेक संतानें उत्पन्न हुईं। दक्ष ने 24 कन्याओं को जन्म दिया। जिनमें श्रद्धा, लक्ष्मी, धृति, पुष्टि, मेघा, क्रिया, बुद्धि, लज्जा, वायु, शांति, सिद्धि और कीर्ति-इन तेरह पुत्रियों को यमराज को दे दिया।

शेष अन्य पुत्रियां पिता को सौंप दीं। जिनके नाम ख्याति, स्मृति, प्रति, क्षमा, संतति, अनुरूपा, स्वाहा, स्वधा, भृगु, भव, मरीचि, अंगिरा, पुलस्त्य, ऋतु, अत्रि वशिष्ठ, वन्य आदि थे। इन सब की उत्पत्ति के बाद तो शिवजी की ऐसी कृपा हुई कि सृष्टि में असंख्य जीव व जातियां उत्पन्न हुईं। जिनमें ब्राह्मण ही सर्वोत्कृष्ट जाति है।

ब्रह्माजी ने नारदजी को शिव के और भी रूपों का वर्णन करते हुए कहा कि निर्गुण भगवान् शिव का बायां अंग विष्णु है। मैं (ब्रह्मा) उनका सव्य अंग हूं और उनका हृदय रुद्र है। इसी क्रम से तीन गुण-सत्त्व, रज और तम की स्थिति जानी जाती है।

शिव की ही सतोगुणी माया का रूप सती, रजोगुणी माया का रूप सरस्वती और तमोगुणी माया का रूप लक्ष्मी है। सती का विवाह शिवजी के साथ हुआ। सती ने अपने पिता दक्ष के यहां स्वयंवर में शिवजी का स्थान न देखकर अपने प्राण त्याग दिए थे। देवताओं के आग्रह पर फिर सती ने हिमाचल के घर जन्म लिया। जिनका नाम पार्वती था। पार्वती ने तपस्या करके फिर से शिवजी को प्राप्त किया।

शिवजी के विषय में अनेक बातें जान लेने पर भी नारदजी ने कहा-हे पूज्य पितामह ब्रह्मा क्या आप मुझे शंकर के हिमालय गमन व कर्मों के बारे में बताने की भी कृपा करेंगे।

ब्रह्माजी ने कहा कि पूर्व समय में कांपिल्य नगर में यज्ञदत्त नाम का पुरोहित रहता था। जो वेद-वेदांतों का ज्ञाता और महान् विद्वान था। वह अपनी विद्वता के लिए प्रसिद्ध था। उसकी महानता का यश चारों ओर फैला था। गुणनिधि नाम का उसका एक पुत्र था। गुणनिधि का चरित्र अपने पिता के बिलकुल विपरीत निकला।

बचपन से ही गुणनिधि बुरी संगत में पड़ गया। जुआ, चोरी और नशे के दुर्गुण उसमें पड़ गए। वह जुआ खेलने के लिए घर का समान चुरा-चुरा कर ले जाने लगा। गुणनिधि की माता ने यह सब उसके पिता से छिपाया। जब भी यज्ञदत्त अपने पुत्र के विषय में कोई बात पूछता अथवा कहता तो वह कह देती कि-गुणनिधि देव पूजन, विद्या अध्ययन और सत्कर्मों में लगा है।

वयस्क होने पर गुणनिधि का विवाह हुआ। पर माता के बार-बार समझाने पर भी उसने अपने दुष्कर्म नहीं छोड़े वह और अधिक जुआ व मदिरापान करने लगा। माता ने कहा-पुत्र, यदि राजा को तुम्हारे दुष्कर्मों का पता चल गया तो वे तुम्हारे पिता को आजीविका से निकाल देंगे। जिसके कारण तुम्हारे पिता को अत्यधिक दुःख व कष्ट होगा। पर पुत्र ने माता का कहना नहीं माना।

जब कभी यज्ञदत्त ने पुत्र के विषय में जानकारी लेनी चाही माता बहाने बनाकर बात टाल देती। प्रतिदिन वह घर के आभूषण बेचकर जुआ खेलता रहता। मां सिर पीट लेती। काश! मैंने यज्ञदत्त से कुछ न छिपाया होता। एक दिन यज्ञदत्त ने एक मूल्यवान अंगूठी एक जुआरी के हाथ में देखी। पूछने पर जुआरी ने गुणनिधि का सारा भेद खोल दिया। पिता को अत्यधिक क्षोभ व खेद हुआ।

पिता ने घर आकर पत्नी से उसी अंगूठी की मांग की। पत्नी तरह-तरह के बहाने बनाने लगी। यज्ञदत्त ने पत्नी को डांटा और बुरा भला कहा। दुःखी यज्ञदत्त ने कहा- इससे तो में पुत्रहीन होता तो भला था। अपने पिता के विवशता भरे आंसू देखकर गुणनिधि को बड़ी लज्जा आई और वह चिंता से भर गया। इसी ग्लानि में वह घर छोड़कर कहीं चला गया। भूखा-प्यासा अपने किए पर पश्चात्ताप करने लगा। घूमते-घूमते वह एक नगर में पहुंचा। शिवरात्रि का दिन था कुछ शिवभक्त शिवालय की ओर जा रहे थे। गुणनिधि भी उनका पीछा करते-करते शिवालय पहुंचा। शिवभक्त पत्र-पुष्प और मीठे भोजन से भगवान् शंकर की पूजा अर्चना करने लगे।

गुणनिधि छिपा-छिपा सब देख रहा था। वह भूख व प्यास से व्याकुल था। अत: सुगन्धित भोजन ने उसे आकृष्ट किया। जब शिवभक्त नृत्य गायन आदि समाप्त करके सो गए तो गुणनिधि ने अपने दुपट्टे की रस्सी बनाई और दीपक में जलाकर शिवजी के लिए निर्मित वस्तुओं को लेकर भागने की चेष्टा की। तभी उसका पैर एक शिवभक्त से जा टकराया। वह चिल्ला उठा चोर-चोर पकड़ो-पकड़ो। इसी पकड़-धकड़ में गुणनिधि की मृत्यु हो गई।

यमराज के यमदूत उसे पकड़ने आए तो शिवगणों ने उन्हें गुणनिधि को ले जाने से रोका और उसे शिवलोक ले जाने लगे। यमदूतों व गणों में काफी विवाद हुआ। गुणनिधि के पापकर्मों से यमदूतों ने शिवगणों को अवगत कराया।

परन्तु शिवगणों ने कहा कि इसने श्रद्धापूर्वक शिव पूजन देखा है, कीर्तन-भजन सुना है, अपने दुपट्टे से दीपदान किया है, अतः इसके पापकर्म समाप्त हो गये। यमदूतों ने अपनी पराजय स्वीकार कर ली। यमदूत धर्मराज के पास गए और सारा वृत्तांत उन्हें

सुनाया। धर्मराज भी कहने लगे कि मैं अपनी सब आज्ञाओं को उल्लंघन सहन कर सकता हूं पर किसी विभूतिधारी रुद्राक्षधारी, त्रिपुंडधारी, शिव में आसक्ति रखने वाले व्यक्ति को कभी भूलकर भी यहां न लाना। जो शिवजी में आस्था रखता है, उसे सदा शिवलोक में भेजने की मेरी स्थायी आज्ञा है।

शिवलोक में पहुंचकर काफी समय तक गुणनिधि सुख भोगता रहा। उसके बाद कलिंग नरेश, आदिरम के घर दम नामक पुत्र के रूप में उत्पन्न हुआ। वह बालपन से ही शिवजी की आराधना करने लगा। वह इतना पक्का शिवभक्त हुआ कि पिता की मृत्यु के बाद दम (गुणनिधि) ने देवालय में दीपदान का राजकीय आदेश दे दिया। मृत्यु के उपरांत वही दम शिवजी की कृपा से अलका देश का शासक बना जो पिछले जन्मों में गुणनिधि था।

अलका प्रदेश का राजा बनने के बाद गुणनिधि निरन्तर शिवजी की आराधना में लीन रहने लगा। उसने 11000 वर्षों तक तप करके शिवजी को ऐसे प्रसन्न किया कि वे उसे देवी अम्बिका सहित वरदान देने अलकापुरी आए। एक दिन भगवान् शिव ने ध्यान लीन अपने भक्त गुणनिधि को आंख खोलने के लिए कहा।

गुणनिधि ने अपने नेत्र खोलकर भगवान् शंकर व माता पार्वती के दर्शन किए। भगवती उमा के अनुपम रूप-सौन्दर्य और सौभाग्य को देखकर गुणनिधि को विस्मय हुआ। उसकी कुदृष्टि माता पर पड़ी। भगवती ने उसे बायें नेत्र से अपने को घूरते हुए पाया तो शिवजी की ओर जिज्ञासापूर्वक देखा। पर शिवजी से उन्हें पता लगा कि वह उनका पुत्र है और उनके सौभाग्य की प्रशंसा कर रहा है।

फिर गुणनिधि ने उनके चरण स्पर्श किए। शिवजी ने प्रसन्न होकर गुणनिधि को यक्ष कुबेर बनने का वरदान दिया। साथ ही यह आज्ञा दी कि अलकापुरी को अपना स्थायी निवास-स्थान बना ले। गुणनिधि श्रद्धापूर्वक चरण स्पर्श करता हुआ माता के चरणों पर गिर पड़ा। भगवती ने उसे वरदान दिया, अटूट शिव भक्त बने रहो। मेरे रूप के प्रति द्वेष के कारण तुम्हारा फूटा हुआ नेत्र पीत वर्ण का हो जाएगा तथा तुम्हारा नाम कुबेर होगा। तभी से वह अलकापुरी के समीप एक नगर में रहने लगा। उस नगर को विश्वकर्मा ने बनाया था।

शिल्पकार विश्वकर्मा ने कैलाश पर्वत पर भी एक सुन्दर, सुविधाजनक रहने का स्थान बनाया। जहां आकर शंकर आत्मस्थ होकर योग लीन हो जाते हैं। अपने गणों से यहां बैठकर विभिन्न विषयों पर चर्चा करते हैं। यहीं से अनेक लीलाएं और माया का निर्माण करते हैं। इस प्रकार हे नारद। शिवजी कैलाश पर्वत पर रहकर अनेक प्रकार के कर्मों में लीन रहते हैं।

परिचय खण्ड: गणेश जन्म कथाएं

गणेश के प्रगट होने की कथा अलग-अलग पुराणों में विभिन्न प्रकार से दी गई है। इनके प्रगट होने की कथाओं में समानता का अभाव है। हम सभी पुराणों से गणपति के प्रगट होने की कथाओं का सार इस पुस्तक में लिख रहे हैं ताकि देवभक्त इन्हें पढ़कर ज्ञान प्राप्त कर सकें और आपने उपास्य और प्रथम विघ्नहारी देव की लीलाओं का सही परिचय प्राप्त कर सकें।

पद्म पुराण के सृष्टि खण्ड अर्थात् रचना विभाग में गजवदन के उत्पन्न होने की सुन्दर, मनमोहक, मंगलमयी और कल्याणकारी कथा इस प्रकार कही गई है।

हिमालय की पुत्री (हिमगिरि नन्दिनी) पार्वती के विवाह संस्कार के बाद प्रभु शंकर अपनी अति स्नेहमयी गिरिजा को अनेक रमणीय. आकर्षक और एकान्त वन-उपवनों में विहार के लिए ले गए। शिव अति प्रसन्न अवस्था में प्रकृति के अनुपम सौन्दर्य का आनन्द लेते हुए अपनी अर्धांगिनी गौरा के साथ भ्रमण करते रहे। इसी बीच एक बार की बात है कि शंकरार्धांगिनी पार्वती ने अपने शरीर में चन्दन, कपूर और सुवासित तेल युक्त तत्त्वों का उबटन बनाकर लगाया। शरीर से गिरने वाले उबटन के अवशेष से पार्वती ने खेल-खेल में एक पुरुष की आकृति की रचना कर डाली। उस आकृति का मुख गज (हाथी) के समान था।

जब माता गौरा स्नान के लिए गंगा नदी में उतरीं तो मनोविनोद के लिए उस गजमुख आकृति को पवित्र, पावन पुण्य सलिला गंगाजी में डाल दिया। गंगाजी पार्वती जी को अपनी परम स्नेही सखी मानती थीं। तीनों लोकों को तारने वाली गंगा के जल के पड़ते ही उबटन के अवशेषों से बना खिलौना एक बड़ी आकृति में बदल गया। शंकर के साथ शोभायमान होने वाली माता पार्वती ने गजमुख वाली उस रचना को अपना पुत्र कहकर पुकारा। गंगाजी ने भी सहेली के पुत्र को अपना पुत्र मान लिया।

देवगण अर्थात् देवताओं ने उसे गंगा का पुत्र कहकर आदर सम्मान दिया। गंगा की भांति आराध्य व पूजनीय मान लिया। संसार की सभी कलाओं को उत्पन्न करने वाले ब्रह्माजी ने उन्हें गणों का स्वामी बना दिया। इस प्रकार से सभी देवता गजवदन अर्थात् गणपति की पूजा करने लगे। देवगणों के स्वामी, नायक और आराध्य गणेश की पूजा नर-समाज में भी प्रारम्भ हो गई।

लिंग पुराण के प्रारम्भ में गणपति के उत्पन्न अथवा प्रगट होने का कथा-रूप पद्म-पुराण से थोड़ा भिन्न है।

एक बार की बात है कि सभी देवताओं ने मिलकर एक सभा आयोजित की। उस सभा में यह विचार रखा गया कि असुर सदा ही देवताओं को सताते व युद्ध करते रहते हैं, क्या ही अच्छा हो कि हमारे हाथ कोई ऐसा वर या शक्ति लग जाए, जिससे देवता असुरों को पराजित कर सकें। शिवजी असुरों का पक्ष लेते हैं और उनकी आराधना से प्रसन्न हो जाते हैं-और देवताओं को युद्ध में जब तब हराते हैं।

देवताओं ने सोचा जब शिव स्वयं देवता हैं, तो हम भी क्यों न उस अत्यन्त विध्वंसधारी बैल की सवारी करने वाले और चार मुख वाले देवता की आराधना करके मनवांछित फल प्राप्त कर लें। जब शंकर असुरों की प्रार्थना को शीघ्र व सहर्ष स्वीकार कर उन्हें मनोनुकूल वर देते हैं, तो क्या देवताओं को नहीं देंगे। इन शक्तिशाली दैत्यों के कारण देवताओं को अनेक कष्टों का सामना करना पड़ता था। देवता कहने लगे हम सब भी अपनी विजय और असुरों के कार्यों को खंडित करने की शक्ति प्राप्त करने के लिए तुरन्त सुख व सन्तोष देने वाले भगवान् (आशुतोष) शिव की पूजा अर्चना करें। यह विचार-विमर्श करके देव समुदाय पार्वती के स्वामी शिव के पास जाकर उनकी स्तुति और पूजा करने लगे। अत्यन्त शीघ्र प्रसन्न होने वाले भोले शंकर उनकी प्रार्थना से बेहद खुश हुए और देवताओं से बोले, हे देवगण! आप कोई भी इच्छित वर मांग सकते हैं। मैं तुम पर अत्यधिक प्रसन्न हूं।

ज्ञान के भंडार और गुरुओं में श्रेष्ठ बृहस्पति ने भी देवताओं के लिए भगवान् शिव से निवेदन किया। हे कृपालु प्रभो शंकर! देवताओं के शत्रु असुरों की पूजा से खुश

होकर आप उन्हें उनकी इच्छा के अनुसार वर देते हैं, जिससे वे समर्थवान होकर देवताओं को सताते व कष्ट देते रहते हैं। हम सब देवगण उन असुर शक्तियों और दानवों के कार्यों में बाधा डाल सकें, कष्ट पहुंचा सकें और उनका नाश कर सकें ऐसा वर हमें प्रदान करें। सुरद्राही दैत्यों से देवताओं के सुकर्मों को बचा सकें।

परम सन्तोषी, विशाल व उदार हृदय वाले भगवान् आशुतोष अर्थात् शिव ने तथास्तु (ऐसा ही होगा) कहकर सुर समूह को आश्वासन दिया और उनकी मनोकामना पूर्ण की।

भगवान् शिव की देवताओं के द्वारा आराधना करने के कुछ साल बाद गणेश के प्रगट होने की कथा कुछ इस प्रकार सम्मुख आई-

सब लोकों के ईश्वर स्वामी शिव की पत्नी पार्वती के सामने एक विशालकाय रूप प्रगट हुआ, जो ब्रह्मस्वरूप और सभी अंशों में सबसे बड़ा था। जिसे श्री गणेश के नाम से पुकारा गया। उस महान् तेजस्वी, दीर्घ बलिष्ठ और प्रतापी बालक का मुख हाथी जैसा था। उस बालक के एक हाथ में त्रिशूल और दूसरे हाथ में पाश था। सब विघ्न-बाधाओं का नाश करने वाले इस अवतार का धरती पर जन्म होते ही देवतागणों में प्रसन्नता छा गई। खुशी के मारे सुर देवलोक से गजानन (हाथी जैसा मुख था जिसका) पर फूलों की वर्षा करने लगे और बार-बार उनके चरणों में प्रणाम करते और प्रसन्नचित्त हो जाते थे।

तीनों लोकों का कल्याण करने वाली हिमालय की पुत्री करुणा, दया की मूर्ति गौरा ने गजानन को अपना पुत्र मान लिया। अपने प्रिय पुत्र को बड़े सुन्दर, आकर्षक और विचित्र आभूषण वस्त्र आदि पहनाए। देवताओं में भी देवतुल्य भगवान् शंकर ने अपने प्राणप्रिय पुत्र के लिए अन्य धार्मिक और जातक कर्म संस्कार कराए। महादेव शंकर ने अपने पुत्र गणेश से कहा- तुम्हारा जन्म देवताओं की रक्षा के लिए हुआ है। तुम्हें दैत्यों का नाश करना है। ब्राह्मणों और ब्रह्मा को मानने वाले संतों के उपकार व भलाई के लिए तुम अवतार लेकर आए हो। यदि धरती पर कोई दक्षिणा रहित यज्ञ

हवन-पूजन करे, तो खुद जाकर उस कार्य के मार्ग में रुकावट (विघ्न) उपास्थित करो। क्योकि धर्म कार्य पूर्ण विधिपूर्वक होना चाहिए। दक्षिणाहीन यज्ञ करने वाले यज्ञकर्ता के कार्यों में विघ्न डालकर उसे स्वर्ग न जाने दो।

आगे भगवान् शंकर कहने लगे कि जो भी संसार में गलत ढंग से अन्यायपूर्ण कार्य करता है, तुम उसके प्राणों का नाश करो। जो गलत तरीके से अध्ययन, अध्यापन, व्याख्यान या अन्य धार्मिक कार्य करता है, हे गणेश! तुम उसके प्राणों का हरण करते रहो। जो व्यक्ति या स्त्री-पुरुष वर्ण, धर्म और जाति के प्रति कर्त्तव्य पालन व धर्म पालन में निष्ठा न रखते हों और स्वधर्म से विमुख होकर चलें, तुम उनके प्राणों का हरण करते रहो।

हे शिव पुत्र गजानन! जो स्त्री नित्यप्रति तुम्हारी विधिपूर्वक पूजा अर्चना करें, उन्हें अपनी समता प्रदान करो। हे मानवों से श्रेष्ठ गणपति! अपने भक्तों की सदा रक्षा करो। इस लोक और परलोक में अपने भक्तों की रक्षा करना तुम्हारा धर्म है। विघ्न बाधाओं को दूर करने वाले, जीवन को मंगलमय बनाने वाले, प्रातः स्मरणीय गणेश तुम सदा तीनों लोकों में पूजनीय रहो।

चतुर्मुख शिवजी ने गणेश से आगे यह भी कहा कि-जो मेरी चक्रधारी विष्णु की अथवा परमेश्वर ब्रह्माजी की यज्ञों द्वारा अथवा ब्राह्मणों के माध्यम से पूजा करते हैं उन्हें सबसे पहले तुम्हारी पूजा करनी होगी। सभी धार्मिक कर्मकांड और मंगलकारी कार्यों में सर्वप्रथम तुम्हीं पूजे जाओगे। हे गणपति! तुम्हारी पूजा किए बिना जो भी शुद्ध कर्म का कल्याणकारी कार्य अथवा कर्मों का अनुष्ठान करेगा उसका मंगल भी अमंगल में बदल जाएगा। उसके शुभ कर्म भी अशुभ हो जाएंगे।

वर्ण-व्यवस्था में कथित चारों जातियों- ब्राह्मण, क्षत्रिय, वैश्य और शूद्रों द्वारा भी सभी कार्यों की सिद्धि के लिए सर्वप्रथम तुम्हीं पूजे जाओगे। यह मेरा अटल आशीर्वाद है तुम्हारे लिए।

भगवान् गजानन की पूजा विधि का वर्णन करते हुए परमपिता शंकर ने कहा- तीनों लोकों में पर या देवता तुम्हारी पूजा किए बिना कुछ भी प्राप्त नहीं कर सकेंगे।

चन्दन, धूप-दीप, फल-फूल और अक्षत आदि को उपहार स्वरूप चरणों में अर्पित कर ही वे कुछ प्राप्त कर सकेंगे अन्यथा नहीं। संसार में जो भी तुम्हारी पूजा करेंगे वे इन्द्र और अन्य देवताओं के द्वारा भी पूजे जाएंगे। नर समाज और देव-समाज में जो फल की कामना से ब्रह्मा, विष्णु इत्यादि की पूजा करेंगे पर तुम्हारी पूजा नहीं करेंगे उन्हें तुम विघ्न-बाधा पहुंचा कर कष्ट दोगे। तुम्हारी सर्वप्रथम पूजा के बिना तीनों लोकों में किसी के भी कल्याणकारी कार्य सिद्ध नहीं होंगे।

परमात्मा शिव का आशीर्वाद पाकर पार्वती पुत्र गणपति ने विघ्नगणों को उत्पन्न किया। सबके हृदय में निवास करने वाले शिवजी के चरणों में अपने गणों के साथ जाकर प्रणाम किया और उनसे आशीर्वाद प्राप्त किया।

हे मुनियो! एक स्थान पर गणेश के उत्पन्न होने की कथा और भी रोचक और मनोहारी है। एक समय की बात है कि देवी पार्वती अपने आराध्य स्वामी शंकर के साथ कैलाश पर्वत पर रह रही थीं। भगवती गिरिजा की दो प्रिय सखियां भी उनके साथ थीं। जिनके नाम क्रमशः विजया और जया थे। नारायणी पार्वती एक दिन अपनी सखियों के साथ बैठी मनोविनोद में व्यस्त थीं कि दोनों सखियां कहने लगीं- हे मां भगवती पार्वती सभी गण महेश्वर शिवजी के हैं, आपके नहीं। नन्दी, मृगी अन्य सभी गण भगवन शंकर की सेवाओं के लिए तत्पर रहते हैं, तुरन्त मनोकामना पूर्ण करने वाले ईश्वर आशुतोष अपने गणों की भक्ति और सेवा से अत्यधिक प्रसन्न हैं। वे गण अपनी अनन्य भक्ति सेवा के कारण ही द्वारपालक बने हुए हैं। यह बात ठीक है कि वे गण हमारे भी सेवक हैं पर फिर भी हमारी (विजय व जया) इच्छा है कि हमारे लिए भी आप एक गण बना दीजिए जो सदा हमारी आज्ञानुसार हमारी सेवा में उपस्थित रहे।

एक दिन शिवजी का गण नन्दी स्नानागार के द्वार पर खड़ा था और मां गौरा-शिव प्रिया स्नानागार में जलक्रीड़ा कर रही थीं। सर्वसिद्धि पार्वती निश्चिंत होकर नहा रही थीं कि शत्रुओं के नाशक भगवान् शंकर अपनी परम प्रिया पार्वती के पास जाने हेतु स्नानागार के द्वार पर पहुंचे। शिवजी के अनन्य उपासक नन्दी ने कहा कि मां पार्वती

स्नान कर रही हैं आप अन्दर नहीं जा सकते। भूत प्रेतात्माओं में भी पूजनीय भोले शंकर ने नन्दी का कहना नहीं माना और अन्दर चले गये। जब शिव प्रिया ने उस हालत में प्रभु शंकर को अपने इतना निकट देखा तो वे लज्जा और संकोच से स्तब्ध खड़ी की खड़ी रह गई। वे बार-बार यह सोचकर हैरान हो रही थीं कि द्वार पर नन्दी द्वारपाल बने खड़े हैं। उनके होते हुए त्रिलोक के स्वामी व मेरे आराध्य यहां कैसे पहुंच पाए। उनके मन में शिवजी के गणों के प्रति जो भरोसा था उसमें कुछ सन्देह होने लगा। सोचने लगीं कि ये तो केवल भगवान् आशुतोष के ही सेवक हैं।

बस फिर क्या था! उन्हें तुरन्त अपनी सर्वगुण सम्पन्न मनोविनोदिनी सखियों के हास-परिहास की बात याद आई। पार्वती जी सोचने लगीं कि जया और विजया ठीक ही कहती थीं कि ये गण तो केवल मेरे प्रभु शंकर के कारण ही द्वारपालक बने हुए हैं। वे मन-ही-मन विचार करने लगीं कि यदि मेरा कोई अपना गण होता तो क्या भगवान् आशुतोष यकायक स्नानागार में आ सकते थे? यह सच है कि शिवजी के गणों पर मेरा कोई अधिकार नहीं। मुझे भी अपने पास एक ऐसा सेवक पाल रखना चाहिए जो अक्षरशः मेरे आदेश का पालन करे। जो हर प्रकार से गुणी और कार्यकुशल हो।

इस प्रकार तीनों लोकों की ईश्वरीय देवी गिरिजा ने योगबल अर्थात् शक्ति व सामर्थ्य में एक अनुपम गण की रचना कर डाली। वह गण सर्वगुण सम्पन्न था। सुडौल, विशाल, शोभायुक्त, परम बलशाली शरीर था उसका। माता पार्वती ने अपने उस गण को अनेक सुन्दर और उत्तम वस्त्रों व आभूषणों से सजाया और उसे पास बुलाकर कहने लगीं कि आज से तुम मेरे पुत्र हो। तुम्हारे जितना प्यारा, दुलारा और स्नेही मुझे कोई और नहीं।

उस विशाल शरीरधारी, तेजस्वी, बुद्धिमान् और बलवान पुरुष ने अपनी माता शिवप्रिया पार्वती के चरणों को छुआ और कहने लगे कि माता अम्बिके, आपकी सारी आज्ञाओं का मैं सदा पालन करूंगा। आप अपनी इच्छा और आज्ञा बताकर मुझ पर कृपा करें।

सभी देवियों में महान् ईश्वरीय देवी भगवती ने खुश होकर अपने पुत्र से कहा कि हर प्रकार से तुम मेरे हो। बस आज से तुम मेरे द्वारपालक बन जाओ। मेरी अनुमति के बिना कोई मेरे घर में प्रवेश न करे चाहे वे कोई भी हो कहीं से भी आया हो। इस प्रकार से उस नव निर्मित गण को एक प्रकार से दण्ड दे दिया और अपने प्राणप्रिय पुत्र गणराज को अपना द्वारपालक बनाकर खड़ा कर दिया।

थोड़ी देर के बाद गोरोचन व कपूर का तिलक धारण करने वाले पार्वती के प्रिय शिव वहां आ पहुंचे। जैसे ही वे द्वार के अन्दर जाने लगे कि गणराज ने पूछा- 'हे मान्यवर देव! आप कहां जाना चाहते हैं। माता पार्वती की आज्ञा के बिना आप भीतर नहीं जा सकते। इस समय जगत् की माता भगवती स्नान कर रही हैं अत: आप यहां से वापस लौट जाएं।' चन्द्र के समान तिलकधारी और श्रेष्ठ शिवजी को अपनी प्रिया पार्वती के पुत्र के बारे में तनिक भी ज्ञान न था। चन्द्रमौलि अर्थात् मस्तिष्क पर चन्द्र का धारण करने वाले शिव बोले-'तुम्हें पता नहीं कि मैं शिव हूं और जगत् जननी गौरा का स्वामी हूं। मैं स्वयं यहां उनसे मिलने आया हूं।' प्राणप्रिया शिवा के पुत्र गणराज ने कहा- 'आप चाहे जो हों, चाहे कहीं से आए हों, परन्तु मैं बिना माता की आज्ञा के आपको अन्दर नहीं जाने दूंगा।' इस प्रकार मातृभक्त वीर बालक गणराज ने महेश्वर शिव को ही मना कर दिया।

बड़े ही विस्मित होकर पार्वती के प्राणों के स्वामी और प्रिय शिव ने कहा- 'मैं तो उसका पति हूं और तू मुझे मेरे ही घर में जाने से रोक रहा है। मैं जरूर जाऊंगा।'

ऐसा कहते हुए वे अन्दर प्रवेश करने लगे। जगत् माता पार्वती-पुत्र ने उन्हें फिर से रोका।

काम के शत्रु, लीलाधारी शिव ने अपने गणों से पूछा कि यह कौन है, जो मुझे मेरे ही घर में जाने से रोक रहा है? इतना कहकर शिव दूर जाकर खड़े हो गए।

परमेश्वर शिव के सेवक गणों ने महागौरी जननी के पुत्र के पास जाकर पूछा- 'तुम कौन हो? कहां से आये हो? तुम्हारी क्या इच्छा है? यदि तुम हमारे स्वामी शंकर को अन्दर प्रवेश नहीं करने दोगे तो तुम्हारे प्राणों की खैर नहीं। अच्छा हो कि तुम हमारा कहना मानकर तुरन्त यहां से चले जाओ।'

पार्वती के पुत्र गणराज ने निडर होकर वृषभध्वज शिवजी के गणों से कहा- 'पहले तुम बताओ कि तुम कौन हो? तुम्हारा यहां आने का क्या तात्पर्य है? तुम क्या चाहते हो? व्यर्थ में मुझे धमकियां देने वाले तुम कौन हो? अपना भला चाहते हो तो यहां से चले जाओ।'

शिवजी के गणों ने कहा, 'हम भगवान् भूतनाथ के गण और द्वारपालक हैं। भूतों को आनन्द देने वाले स्वामी शिवजी की आज्ञा से हम तुम्हें यहां से हटाने आए हैं। तुम्हें भी द्वारपालक और गण समझ कर अभी हमने तुम्हें कुछ नहीं कहा है। यदि अपना भला और कल्याण चाहते हो तो तुरन्त यहां से चले जाओ नहीं तो हम तुम्हें मार डालेंगे। बेकार में तुम्हें अपने प्राणों से हाथ धोना पड़ेगा।'

संसार की सर्वोच्च शक्ति की प्रतीक शक्तिमयी मां के शक्तिशाली पुत्र ने कहा, 'मैं तो माता पार्वती का सेवक और द्वारपालक हूं। मेरी मां ने मुझे आज्ञा दी है कि बिना उसकी आज्ञा के कोई भी घर के अन्दर प्रवेश नहीं करे। तुम तो अपने मालिक शिव की आज्ञा का पालन करके यहां आए हो और मैं अपनी माता पार्वती की आज्ञा मानकर यहां खड़ा हूं। तुम्हारा निरन्तर आग्रह व्यर्थ है। मैं यहां से नहीं हटूंगा और मैं तो मां पार्वती की आज्ञा ही मानूंगा।'

महान् शिवजी के गणों ने अपने आराध्य शंकर से जाकर कहा, 'वह बालक अपने आपको माता पार्वती का पुत्र बताता है और द्वार से तनिक भी हटने को तैयार नहीं। यहां तक कि युद्ध करने को भी तैयार है तथा मृत्यु का वरण करने को भी।'

कर्पूर, चन्दन और गोरोचन जैसे सुगन्धित पदार्थों का तिलक लगाने वाले महेश्वर शिव ने गुस्से से भरकर कहा, 'चाहे जो भी करो उस बालक को द्वार पर से हटाओ। वह अकेला बालक तुम्हारा क्या बिगाड़ लेगा। यदि युद्ध भी करना पड़े तो युद्ध करो।'

नन्दी, श्रृंगी आदि सभी गण इकट्ठे होकर पार्वती नन्दन गणेश के पास पहुंचे और उन्हें युद्ध के लिए ललकारा। शिवगणों को अपने पास आते देखकर वीर, निडर व साहसी गणराज पार्वती पुत्र ने उनसे कहा कि मैं अकेला बालक ही तुम सबका सामना व मुकाबला करूंगा। मैं महाशक्ति का पुत्र महान शक्तिशाली तुम सबके लिए अकेला ही काफी हूं।' वह बलशाली बालक कहने लगा, 'आज माता पार्वती और तीनों लोकों के प्रभु शिवजी अपने गणों की शक्ति व बल देख लें।'

गणेश जी कहने लगें-'आज सब इस बात को जान लेंगे कि पार्वती के पुत्र और तीनों लोकों के प्रभु शिवजी पर बलवान गणों में कितना बल और ताकत है। गौरा और शिवजी के नाम पर बलवान गणों का एक बालक के साथ युद्ध होगा। आप सब तो बलवान योद्धा हैं और आपने तो पहले भी कई युद्ध किए होंगे। परन्तु मेरा तो यह पहला युद्ध है। मैं अकेला बालक हूं फिर भी मैं युद्ध करने को तैयार हूं। मैं आपके साथ अकेले ही युद्ध करूंगा। पर्वतराज की पुत्री पार्वती और उनके पति शिवजी के इस विवाद और बहस में जब तुम्हारी हार होगी तो तुम्हें जरूर लज्जित होना पड़ेगा।' गणेशजी ने फिर कहा, 'हार और जीत हम सब गणों के बीच नहीं है अपितु माता अम्बिका और तुरन्त सुखद फल देने वाले भगवान स्वामी और इष्ट महादेव शिवजी की आग्या का पालन करो। मैं हर प्रकार से तुम्हारे साथ युद्ध करने को तैयार हूं।'

शिवजी महाराज के गण बालक गणेश की इतनी तीखी बातें सुनकर गुस्से से भर गए और उन्होंने गणपति पर आक्रमण कर दिया। पर गणेशजी ने उन गणों के प्रहारों को निष्फल कर दिया। सारे गण एक तरफ और बालक गणेश अकेला एक तरफ। गण तो एकदम घबरा गए। भगवान आशुतोष के गणों को गणेश भयंकर काल जैसे दिखाई दे रहे थे। शिवगणों को ऐसा लगा कि जैसे हमारा नाश शीघ्र होने वाला है। माता शक्ति रूपा पार्वती के अतिशक्तिशाली पुत्र गणेश के प्रहारों से शिवगण इधर-उधर भागने लगे और गणेशजी अपनी जननी पार्वती का स्मरण करते-करते युद्ध करते रहें।

शीघ्र ही इस बात की खबर सारे देवलोक में फैल गई। नारदजी और चक्र को धारण करने वाले भगवान विष्णु और ब्रह्माजी तुरन्त ही काम के शत्रु भगवान शिव के पास गए और कहने लगे कि महादेव यह कैसी लीला हो रही है और यह युद्ध क्यों हो रह है। कृपया आप शीघ्र ही इस बात पर ध्यान दें।

संसार के निर्माता ब्रह्माजी और विष्णुजी की बात सुनकर शिवजी कहने लगे, 'एक वीर अजेय, बलवान बालक मेरे ही घर के द्वार पर बैठकर मुझे अन्दर प्रवेश नहीं दे रहा। ऐसी अवस्था में मैं क्या करूं। मैं स्वयं सोच में पड़ गया हूं। उस शक्तिशाली बालक ने मेरे सभी गणों और सभाजनों को हरा दिया है। वे सब उस बालक के तीखे बाणों से और चोटों से डरकर भाग गए हैं या घायल हो गए हैं। आप सब मिलकर उसे समझाएं और कोई न्यायपूर्ण मार्ग निकाल कर इस युद्ध को रोकने की कोशिश करें।'

विधाता अर्थात ब्रह्माजी ने बालक को अनेक नीतिपूर्ण और मधुर वचनों से समझाया पर गणेशजी पर उनके उपदेशों का तनिक भी असर न पड़ा। इतने में चक्रधारी अर्थात भगवान विष्णु बोले, 'देवता में महान देवेश्वर शिवजी, यह बालक तो अजेय दिखाई देता है। इतनी सरलता से इसे समाप्त नहीं किया जा सकता। बस केवल एक मार्ग है। मैं (भगवान विष्णु) इस बात को मोहबन्धन में बांधता हूं, अपने जाल में फांस कर शक्तिहीन कर दूंगा। हे संसार भर में उज्ज्वल शंभु, आप तुरन्त इस पर प्रहार करके इसे समाप्त कर दीजिए।'

एक और से भगवान विष्णु ने गणेशजी को मोहित किया और दूसरी ओर से भगवान शंकर ने अपना त्रिशूल उठाकर उस पर प्रहार कर दिया। उससे गणेशजी का मस्तक कट कर दूर जा गिरा और शरीर एक ओर जा गिरा। फिर सब देवताओं व गणों ने सुख और संतोष की सांस ली। खुशी में खूब नाचने गाने लगे। ढोल, नगाड़े और मृदंग बजने लगे और देवगण प्रसन्नचित हो गये।

जब माता पार्वती को अपनी सखियों से इस बात की सूचना मिली कि उनके पुत्र का वध करके देवतागण खुशियां मना रहे हैं तो रुद्र अर्थात शिवजी की पत्नी गौरा दुख के कारण अत्यधिक व्याकुल हो गई और बिलख-बिलख कर अपने पुत्र का

वियोग करने लगीं। पर तुरन्त ही महाशक्ति देवी पार्वती कहने लगीं, 'जैसे देव समुदाय और देवगणों ने मेरे पुत्र को खत्म किया है, मैं भी उन्हें मृत्यु की अग्नि में झोंक दूंगी क्योंकि पुत्र का शोक और व्याकुलता मेरे लिए असहनीय हो गई है।'

पार्वतीजी ने ऐसा विचार करके सभी तेजस्वी शक्तियों को उत्पन्न किया और उनको आज्ञा देकर कहा कि सारे संसार में प्रलय मचा दो। बिना सोचे-समझे त्राहि-त्राहि मचा दो। जहां जो मिले उसको खा लो। अपना शिकार बना लो। चाहे उसमें देवता हों, ऋषि-मुनि, यक्ष-किन्नर अथवा अपने-पराये कोई भी हों तुम सभी का भक्षण कर सकती हो।

उसके बाद उन दैवी शक्तियों ने मिलकर चारों ओर हाहाकार मचा दिया। जहां भी जो मिला उसे अपने क्रोध से भस्म कर दिया या सामने पाते ही उसे समाप्त कर दिया। सभी देवता और राक्षस सोच में पड़ गए। सुरों और असुरों ने मिलकर एक सभा की। सबने अपने-अपने जीवन की आशा त्याग दी। सबने एक स्वर में कहा कि अपने जीवन की रक्षा के लिए बस एक ही रास्ता है-किसी भी प्रकार इन दैवी शक्तियों को उत्पन्न करने वाली शक्ति की मूर्ति, महादेव की भार्या खुश हो जाएं तो हमारे प्राणों की रक्षा हो सकती है, हम सब बच सकते हैं। सुर और असुरों की बातचीत हो ही रही थी कि देवताओं के ऋषि व पूजनीय नारदजी वहां आ पहुंचे। सबने अपनी करुण कथा उन्हें सुनाई और बताया कि कैसे शक्तिरूपा गौरा के कोप का हम शिकार हो रहे हैं। अब तो पर्वतराज की पुत्री ईश्वरीय शक्तियों में महान् शक्तिरूपा पार्वती को खुश किए बिना हमारा कल्याण नहीं हो सकता। परन्तु कठिनाई तो यह है कि प्रतिदिन सिद्धियों को सिद्ध करने वाली क्रोधित पार्वती के पास कौन जाए? नारदजी के साथ मिलकर सारे देवता और ऋषि-मुनि संसार की जननी जगदम्बा के पास पहुंचे। शक्तिरूपा शिवा के चरणों में झुककर प्रणाम किया और उनसे प्रार्थना करने लगे। हे जगजननी जगदम्बे! शिव पत्नी, हम सब आप को बार-बार नमस्कार करते हैं। हे देवियों में भी परम शक्तिशाली चण्डिके। आप संसार की प्रथम व आदि शक्ति हैं, आप जगत् की रचना करने वाली हैं। सृष्टि में उपस्थित सब पदार्थों का संहार करने वाली शक्ति हैं। हे देवी। आपके क्रोध से तीनों लोक परेशान और व्याकुल हो रहे हैं। आपके गुस्से को सहने

की क्षमता हममें नहीं। कृपया हमारी विनय, प्रार्थना और स्तुति को स्वीकार करें। देवी अपने क्रोध को शांत करो। हम पर कृपा करो, हम सब आपके चरणों में शीश झुकाते हैं। सारे देवताओं का समूह और ऋषिजन माता भगवती के चरणों में प्रार्थना करते हुए शीश झुकाकर खड़े हो गए।

उन देवगणों व ऋषिगणों की विनती व स्तुति को सुनकर समस्त लोकों की देवी शिवजी की पत्नी पार्वती का हृदय भी करुणा से भरे बिना न रह सका और उनका मन द्रवित हो गया। वे कहने लगीं-यदि मेरा पुत्र गणराज फिर से जीवित हो जाए और आप देवता व ऋषियों के मध्य पूजनीय माना जाये तथा उसे सबका अध्यक्ष अर्थात् सर्वाध्यक्ष पद प्रदान किया जाये तभी मेरा क्रोध शांत हो सकता है तभी तीनों लोकों में शांति स्थापित हो सकती है अन्यथा नहीं।

फिर क्या था-ऋषिगण कहने लगे कि यही बात माननी चाहिए जिससे तीनों लोकों के स्वामी की पत्नी पार्वती जी को सुख मिले। ऐसा विचार कर सभी शिवजी के पास पहुंचे और शक्ति रूपा शिवा को बात उनसे कही। कर्पूर और गोरोचन का तिलक लगाने वाले तीनों लोकों के स्वामी शिवजी ने अपने गणों को आज्ञा दी कि उत्तर दिशा की ओर जाओ तथा उत्तर दिशा की ओर सिर करके सोता हुआ जो भी प्राणी मिले उसी का मस्तक काट कर मेरे पास ले आओ। स्वयं उन्होंने बालक के सिर रहित शरीर को धो-पोंछकर साफ किया। उसके बाद 'कबन्ध' अर्थात् जिसके सिर को धड़ से अलग कर दिया गया हो शिशु की विधिपूर्वक पूजा-अर्चना करने लगे।

शिवजी के सब गण उत्तर दिशा में भ्रमण के लिए निकल पड़े। शिवगणों को सबसे पहले एक गज मिला उस गजराज का एक ही दांत था गण उसी का सिर लेकर भगवान् शंकर के चरणों में आकर उपस्थित हो गए। महान् ईश्वर समान शिव ने उसी गज का सिर बच्चे के शरीर के ऊपर कंधों पर जोड़ दिया और अपनी तांत्रिक विद्या व योग माया से बच्चे को जिंदा कर दिया। वह सौभाग्यशाली बालक गज का सिर लगाकर

एक अनोखे प्रकार की रूप-रेखा व आकार का बन गया। उस विचित्र शिशु को देखकर सब स्तब्ध रह गए। सारे देवताओं और ऋषियों के चेहरे प्रसन्नता से खिल उठे। उस बालक के सौन्दर्य व तेज की चमक से चारों ओर खुशी की लहर फैल गई।

जगत् जननी माता पार्वती अपने प्रिय पुत्र को पाकर अत्यन्त प्रसन्न हुईं और जल्दी से अपने पुत्र को गोद में बैठा लिया। शिव की पत्नी कहने लगी कि आप सबको बहुत कष्ट उठाना पड़ा पर अब मैं बहुत खुश हूं।

इस बालक के मुख और मस्तक पर सिन्दूर लगा है इसीलिए जो मनुष्य व जीव इस गणराज बालक की सिन्दूर, गंध-पुष्पादि से पूजा करेगा, उसके सारे मनोरथ और इच्छाएं पूर्ण हो जाएंगी। इसकी पूजा से सभी विघ्नों और बाधाओं का नाश हो जाएगा। सभी देवताओं ने उन्हें अलग-अलग वरदान दिए और सभी देवताओं में प्रथम पूजनीय मान लिया। तभी से भक्ति, पूजा-अर्चना में गणेशजी की सबसे पहले पूजा की जाने लगी।

एक अन्य कथा

पर्वतराज की पुत्री पार्वती का जब बैल पर सवारी करने वाले शिवजी के साथ विवाह संस्कार हुआ तो समस्त चर और अचर की आत्मा में निवास करने वाले महेश्वर उन्हें लेकर वनों में विहार करने के लिए चले गए। एक लम्बे समय तक देवताओं में भी सर्वाधिक पूजनीय शंकर का वन-विहार चलता रहा। एक दिन अचानक ही धर्म की आज्ञा मानने वाली, धर्मपरायण, पतिव्रता पार्वती ने शिव शंकर से एक निवेदन किया-हे प्रभो! मैं एक उत्तम श्रेष्ठ पुत्र प्राप्त करना चाहती हूं।

तीनों लोकों के स्वामी अर्थात् भगवान् त्रिपुरारी, जो समस्त भूतों के स्वामी भी हैं अपनी धर्म-परायण पत्नी की बात सुनकर कहने लगे कि मैं तुम्हें पुत्र प्राप्त करने वाला एक श्रेष्ठ व्रत और उसकी विधि बताता हूं। यह व्रत अपने आपमें बड़ा पवित्र, पुण्यदायक और फलकारी है इसीलिए इस व्रत का नाम पुण्यक व्रत भी है। इसकी पूजा-अर्चना अर्थात् अनुष्ठान की विधि एक वर्ष तक चलती है। धर्मात्मा मनु की पत्नी

भी पुत्र न होने के कारण अत्यधिक दुःखी थीं इसीलिए एक दिन उन्होंने विधाता से प्रार्थनापूर्वक पुत्र-प्राप्ति का उपाय पूछा था। वह नारी ब्रह्मलोक में जाकर ब्रह्मा अर्थात् विधाता से विनयपूर्वक बोली-हे भगवन्! आप संसार के रचयिता और सृष्टिकर्ता कहलाते हैं। सब कारणों का भी आपको ज्ञान है। पुत्र के बिना गृहस्थ जीवन नीरस और अर्थहीन लगता है। मेरे पास पुत्र न होने से मुझे अपना जीवन व्यर्थ लगता है।

पुत्र के बिना स्त्री-पुरुष अथवा पति-पत्नी का जन्म व्यर्थ है। अन्न-धन और सभी सुखद सामग्री निष्फल है। मानव के तप और दान का फल उसे जन्म-जन्मांतर तक मिलता रहता है। तप और दान के कर्मकाण्ड अनेक कल्पों तक सुख प्रदान करते रहते हैं। पर पुत्र ही एक ऐसा रूप है, जो पिता को इसी जन्म में सुख, सन्तोष और हर्ष प्रदान करता है। पुत्र ही 'पुत' नामक नरक से माता की रक्षा करता है। मेरी इच्छा और प्रार्थना को जानकर कृपया आप वह विधि और उपाय बतायें जिसके द्वारा बन्ध्या को भी पुत्र प्राप्त हो सके।

विधाता कहने लगे कि, हे पुत्री! मैं तुम्हें एक ऐसा व्रत बताता हूं जो समस्त इच्छाओं को पूरा करने वाला और परम सुखद है। यदि तुम विधि-विधान से इस व्रत का अनुष्ठान करोगी तो श्री नारायण (विष्णु) के स्वरूप श्रेष्ठ और पराक्रमी पुत्र की प्राप्ति तुम्हें होगी। व्रत के समय में (एक वर्ष) निरन्तर वेदों में बताई गई वस्तुओं का दान करते रहना चाहिए। माघ मास में शुक्ल पक्ष की त्रयोदशी से इस व्रत को प्रारम्भ करना चाहिए। व्रत करने वाले व्रती को चाहिए कि व्रत आरम्भ करने के पहले दिन (द्वादशी) को उपवास या व्रत रखें तथा अगले दिन (त्रयोदशी) प्रात काल ब्रह्म मुहूर्त में नित्य कर्मों को समाप्त करके श्रीहरि के मन्दिर में जाकर उन्हें अर्ध्य अर्थात् जल चढ़ाए। पूजा-अर्चना व प्रार्थना करे। फिर तुरन्त घर वापस जाकर किसी सुयोग्य ब्राह्मण को आचार्य पद के लिए चुनकर भगवान् विष्णु की स्तुति करते हुए मंत्रों का उच्चारण करे और फिर कलश की स्थापना करे। फिर मन में दृढ़ संकल्प अर्थात् पक्का इरादा कर इस व्रत का अनुष्ठान आरम्भ करे और श्रीहरि (विष्णु) का निरन्तर ध्यान करे।

इसके बाद हे पुत्री अनेक प्रकार के फल, पुष्प और सुगन्धित द्रव्यों और प्रसादों से भगवान् विष्णु की आराधना शुरू करनी चाहिए। कूष्मांड (पेठा), श्रीफल (बेल पत्तर), नारियल और जम्बीर आदि फलों को श्रीहरि की भक्ति करनी चाहिए। अनेक प्रकार से श्रीहरि के चरणों में समर्पित करना चाहिए। अनेक प्रकार से श्रीहरि की भक्ति करनी चाहिए। अनेक वाद्य-यंत्रों का प्रयोग कर भजन, गीत संगीत और नृत्य कर श्रीहरि को प्रसन्न करना चाहिए। उनकी भक्ति के लिए और वर प्राप्ति के लिए एक लाख सुगन्धित पुष्पों की माला प्रभु श्रीहरि को भेंट करनी चाहिए। भगवान् की सन्तुष्टि और आनन्द के लिए अनेक प्रकार के स्वादिष्ट व्यंजनों का प्रसाद बनाकर भोग लगाना चाहिए। फूल, मिसरी और तुलसी के पत्तों के मिश्रण बनाकर श्रीहरि के स्थान को सुसज्जित रखना चाहिए। व्रत करने वाली स्त्री को एक सौ ब्राह्मणों को नित्य सात्त्विक शुद्ध व स्वादिष्ट भोजन कराना चाहिए।

हे देवी! सुब्रत को धारण करने वाली सुलक्षणा। हर दिन पूजा के समय सुगन्धित फूलों से भरकर सौ अंजलियां पवित्र पावन प्रभु श्रीहरि को अर्पित करनी चाहिए और सौ बार शीश झुकाकार प्रणाम करना चाहिए। व्रत काल के अंतर्गत छः महीने तक हविष्यान्न- (यज्ञ में चढ़ाया जाने वाला अन्न) अर्थात् (अगहनी, चावल, धान, मूंग, तिल, जौ, मटर, तिन्नी, साठी, दूध दही, घी, शक्कर, लौंग, जीरा, पीपल, सेंधा नमक, बथुआ, मूली, आम, इमली, कटहल, नारंगी, केला, हर्रे (हरड़) और आंवला आदि हविष्यान्न कहे जाते हैं।) व्रती को पांच मास तक फलाहार, एक पक्ष तक हवि (हरे शाक, फल इत्यादि) का आहार और एक पक्ष तक केवल जल पर निर्भर रहना होता है।

उपर्युक्त विधि से व्रत करके फिर उसका उद्यापन करना चाहिए। तीन सौ साठ डलियां सुन्दर वस्त्रों, अति उत्तम उपहारों, आभूषणों, भोज्य पदार्थों और यज्ञोपवीत (जनेऊ) से भरकर दान करें। हवन-यज्ञ में एक हजार तीन सौ साठ घी की आहुतियां देकर प्रणाम करें। इतने ब्राह्मणों को श्रद्धापूर्वक इच्छित भोजन कराकर एक-एक स्वर्ण

मुद्रा की दक्षिणा दें। इस व्रत को करने से श्रीहरि के चरणों में पक्की और पूर्ण भक्ति हो जाती है। इस प्रकार नियमपूर्वक यह व्रत करने से पराक्रमी व प्रसिद्ध पुत्र, पति का सौभाग्य व सुख और अत्यधिक धन की प्राप्ति होती है।

संसार के पितामह अर्थात् ब्रह्मा की कृपा व प्रेरणा को पाकर सौ रूपों को धारण करने वाली (शतरूपा) सती अत्यधिक प्रभावित व प्रसन्न हुईं और फिर उन्होंने इस सुफल को देने वाले व्रत को विधि-विधान से श्रद्धापूर्वक किया।

व्रतधारी धर्मात्मा मनु की पत्नी ने इस परम और शुभद व्रत को किया तो उनके यहां प्रियव्रत और उत्तानपाद नामक दो सुन्दर, तेजस्वी और यशस्वी बालक उत्पन्न हुए थे। सुप्रसिद्ध महाभाग देवहूति ने भी जब इस व्रत के माहात्म्य को सुना तो उन्होंने भी इस व्रत को धारण करके श्रीहरि के अंश (जीव) कपिल जी को अपने पुत्र रूप में पा लिया था। देवताओं की माता कही जाने वाली अदिति के यहां भी वामन भगवान् उत्पन्न हुए थे। इस महान् और महिमाकारी व्रत के प्रभाव के कारण अनेक सौभाग्यवान और पुत्रहीन नारियां पुत्रवती हुई हैं। शिवजी कहने लगे- हे मेरी प्राणप्रिय! प्राणों की स्वामिनी अर्थात् प्राणवल्लभे! तुम भी इस व्रत का श्रद्धापूर्वक, विधिपूर्वक, भक्ति-पूजा युक्त पालन करो, तुम्हें निश्चय ही परम दुर्लभ पुत्र-रत्न प्राप्त होगा।

कर्पूर गौर अर्थात् कपूर और सुगंधित गोरोचन का तिलक धारण करने वाले शिव शंकर के द्वारा ऐसे मधुर और महिमामय वचन सुनकर सती पार्वती ने भी इस पवित्र और सुफल देने वाले दुर्लभ व्रत को किया था। तभी उनके यहां भगवान् गणेशजी पुत्र रूप में उत्पन्न हुए थे। पुत्र पैदा होने की खुशी में माता गौरा अत्यधिक प्रसन्न हुईं। स्वर्ग और मोक्ष को दान में देने वाली माता पार्वती के स्वामी शिव महान् भी पुत्र के उत्पन्न होने से बहुत खुश हुए और उनकी दिव्य प्रेरणा से अनेक वाद्य यंत्र बजने लगे। चहूं ओर संगीत, नृत्य और आनन्द की लहर दौड़ गई। पुत्र प्राप्ति की मंगल कामना पूर्ण होने के कारण परमपिता महादेव ने ब्राह्मणों, बन्दियों और भिक्षुओं को नाना प्रकार के रत्न, अमूल्य द्रव्य और बहुमूल्य धन-सम्पत्ति का दान किया। हरेक मानव के अर्थात् प्राणीमात्र के सच्चे साथी, शुभैषी, जगत् का उद्धार करने वाले, शीघ्र प्रसन्न होने वाले

शिवशंकर के घर शिशु के प्रकट होने की खुशी में सभी देवता ऋषिगण-खुशी और आनन्द से भरकर मदमस्त हो गए। सबने बालक के जीवन के लिए मंगल कामनाएं कीं। सभी देव समूह, ऋषिगण, गंधर्व-किन्नर वहां आए और शिशु को आशीर्वाद दिया उसके उज्ज्वल व मंगलमय जीवन की कामना की।

गौरीनन्दन अर्थात् माता गौरा के पुत्र को देखने के लिए अनेक देवतागण भगवान् शंकर के पास आए। सब देवताओं को गौरीनन्दन को देखने जाते हुए सूर्य पुत्र शनैश्चर अर्थात् (धीरे-धीरे चलने वाला) की भी तीव्र इच्छा हुई कि मैं भी भूतभावन अर्थात् भूतों को भी अच्छे लगने वाले शिव शंकर के घर जाऊं। बालक गणेश को देखने की कामना से शनैश्चर ने भूतभावन शिव के घर प्रवेश किया। समस्त संसार की जननी पार्वती नवजात शिशु को गोद में लेकर बैठी थीं। योगियों में भी महान् कहलाए जाने वाले शनैश्चर माता पार्वती के सम्मुख शीश झुकाकार खड़े हो गए और नतमस्तक होकर उन्हें प्रणाम किया! जगत् जननी माता जगदम्बा ने उन्हें आशीर्वाद दिया और उनकी कुशल क्षेम के समाचार पूछे। फिर माता पार्वती कहने लगी कि समस्त ग्रहों के स्वामी-ग्रहेश्वर आपके नेत्र कुछ बन्द से हैं तथा आप सिर झुकाकार क्यों खड़े हैं। आप जब मेरे पास आए हैं तो न मेरी ओर देख रहे हैं न मेरे शिशु की ओर। इसका क्या कारण है? सूर्य के पुत्र शनैश्चर ने उत्तर दिया, 'माता सभी प्राणी इस संसार में अपने कर्मों का फल भोगते हैं। अच्छे-बुरे, शुभ-अशुभ कर्मों के कारण ही सुख-दुख की प्राप्ति होती है। हे माते! मेरी कथा कुछ गुप्त है। वह आपके सम्मुख कहने लायक नहीं है। पर आपकी आज्ञा का उल्लंघन भी मैं नहीं कर सकता।' इसीलिए ग्रहेश्वर ने कहा- 'हे शंकर प्रिये माता गौरा वह कथा मैं आपको सुनाता हूं।'

शनैश्चर ने कहा-माता पार्वती मैं बचपन से ही भगवान् कृष्ण के चरणों की भक्ति किया करता था। सदैव उनके ध्यान में तल्लीन व मग्न रहता था। मैं उनके चरणों का दास था। मेरी उनके प्रति भक्ति अत्यधिक गूढ़ और अथाह थी। मैं अपनी भक्ति- भावना के कारण प्राय: तप में मग्न और सर्वदा वैरागी-सा रहा करता था किन्तु ऐसी अवस्था में भी मेरे पिता श्री सूर्यनारायण ने मेरा विवाह चित्ररथ की पुत्री के साथ करा दिया।

मेरी पत्नी बहुत सीधी साध्वी, तेजस्वी और तपस्विनी है। एक दिन की बात है कि मेरी पत्नी ऋतु स्नान के बाद मेरे पास आई। उस समय मैं भगवान् के नाम का जाप कर रहा था। मुझे सर्वथा अपने आस-पास का कुछ ज्ञान नहीं था। चूंकि वह एक सती साध्वी और प्रिय भक्त थी अतः अपना अपमान और अवहेलना वह न सह सकी। उसने क्रोध में आकर मुझे शाप दे दिया। कहने लगी कि आज से तुम जिसकी तरफ भी देखोगे वही छिन्न मस्तक हो जाएगा।

फिर भी माता मैंने ध्यान तोड़कर उन्हें बहुत समझाया और सन्तुष्ट किया। उसने बहुत पश्चात्ताप किया पर फिर भी शाप लौटाने में असमर्थ रही। इसी शाप के कारण, जीव हिंसा के भय से मैं सदा अपने नेत्रों को झुकाकर रखता हूं। मैं किसी की ओर दृष्टिपात नहीं करता क्योंकि उसकी तुरन्त मृत्यु हो जाएगी।

माता पार्वती ने जब शनैश्चर (धीरे-धीरे चलने वाला) की बातें सुनीं तो वे हंसने लगीं कि-संसार ईश्वर की इच्छा के अधीन है, जो परमेश्वर चाहता है वही होता है अतः तुम जरा भी चिन्ता न करो तथा तुम मेरी ओर तथा मेरे शिशु की ओर देखो।

सूर्य पुत्र शनैश्चर ने मन-ही-मन बहुत सोच विचार किया कि मैं पार्वती के बालक को देखूं अथवा नहीं? यदि मैं इस दुर्लभ, तेजस्वी बालक की देखूंगा तो जरूर इसका बुरा हो जाएगा। सबकी ईश्वर रूपा देवी पार्वती की बात कैसे टाली जा सकती थी। काफी सोच-विचार के बाद योगी शनैश्चर ने माता जगदम्बा की ओर तो नहीं देखा परन्तु शिशु की ओर अपनी बायीं आंख के कोने से देखा ही था कि शनैश्चर की शापग्रस्त दृष्टि पड़ते ही भगवती उमा के प्राणों से भी प्यारे पुत्र गणेश का सिर धड़ से अलग होकर दूर जाकर गिर पड़ा। शनैश्चर अत्यधिक दुःखी हुए और घबराकर अपनी आंखें फेर ली और सिर झुकाकर भगवती के सामने खड़े हो गए। जब माता पार्वती ने खून से लथपथ कबन्ध शिशु को अपनी गोद में देखा तो दुःख से चीख उठीं। हाय! ये मेरे शिशु को क्या हुआ। ऐसे दर्दनाक और विस्मित कर देने वाले दृश्य को देखकर

उपस्थित कैलाश निवासी अत्यन्त दुःखी हुए। बालक की ऐसी दशा हो जाएगी ऐसा किसी को आभास भी नहीं था।

देवी तो मुर्च्छित ही हो गई। खून से लथपथ मस्तकविहीन शिशु और मां गौरा की चिन्तायुक्त दशा देखकर भगवान् विष्णु तो गरुड़ पर सवार होकर तुरन्त उत्तर दिशा की ओर चल पड़े। रास्ते में पुष्पभद्रा नदी के किनारे उन्होंने एक गज परिवार को आराम से सोते हुए देखा। गजेन्द्र का सिर उस समय उत्तर की ओर था। चक्रपाणी श्रीहरि ने उस गजेन्द्र का मस्तक अपने चक्र से काट डाला और उसे लेकर कैलाश पर्वत पर आ गए।

भगवान् नारायण ने उस मस्तक को मृत बच्चे के कबन्ध पर लगा दिया और फिर अपनी योगमाया के द्वारा उसे जीवित भी कर दिया। संसार के माया-मोह को दूर करने वाली माता अम्बिका को श्रीहरि ने सचेत किया और उनके पुत्र को उनकी गोद में बिठा कर उन्हें प्रसन्न करते हुए कहने लगे, 'हे कल्याणकारी बुद्धिरूपा शिवे! ब्रह्मा से लेकर कीटपर्यन्त तक सभी अपने-अपने कर्मों का फल इस जगत् में भोगने आते हैं। हे मातेश्वरी! तुम भली-भांति इस बात को जानती हो हर प्राणी अपने कर्मों का फल भोगता है।' शोकाकुल उमा को समझाते हुए चक्रपाणी विष्णु ने सांत्वना दी। प्रत्येक-मनुष्य को स्वकर्मजित भोग सैकड़ों युगों तक अनेक योनियों में जन्म लेकर भोगने ही पड़ते हैं। जगत् में होने वाले दुख, सुख, भय, शोक, आनन्द आदि सब कर्मों के ही तो फल हैं। देवि इसमें सुख तो उत्तम कर्मों का परिणाम है और दुख और भयादि पाप कर्मों का।

भगवान् चक्रपाणी की मधुरवाणी सुनकर माता उमा कुछ संतुष्ट हो गई। वात्सल्यमयी शिवा ने श्रीहरि के चरणों में प्रणाम किया। कर्पूर गौर शिव और माता पार्वती दोनों ने ही भगवान् विष्णु की स्तुति की। शिशु को पुनः जीवित पाकर माता गौरा तो हर्षातिरेक से विभोर हो उठी थीं साथ ही सारे देव समुदाय में भी आनन्द व

हर्ष की लहर फैल गई। शुभ मुहूर्त देखकर श्रीहरि ने बालक का शुभ संस्कार किया और बच्चे को आशीर्वाद देते हुए भगवान् विष्णु ने कहा, 'हे सुरश्रेष्ठ! मैंने सर्वप्रथम तुम्हारी पूजा की है, अतः हे वत्स! आज से जगत् में तुम सर्वप्रथम पूजनीय होगे। तुम सर्वपूज्य व योगीन्द्र होओगे।'

शिवशंकर के प्रिय पुत्र को प्रसन्न होकर कमलनयन विष्णु ने पुष्प माला पहनाई। हर्षनाद और आनन्द से वातावरण गूंज उठा। श्री हरि ने उन्हें मोक्षदायक ब्रह्म ज्ञान और संपूर्ण सिद्धियां प्रदान कीं। भगवान् नारायण ने रुद्रप्रिय नन्दन आठ नाम भी रख दिए-

विघ्नेश, गणेश, हेरम्ब, गजानन, लम्बोदर, एक दंत, शूर्पकणी और विनायक।

तभी से पार्वती पुत्र गजमुख अग्ररूप में पूजनीय माने जाते हैं।

माता पार्वती खण्ड

ऋषि-मुनियों ने गणेशजी से पूछा कि उनकी माता का जन्म पर्वतराज हिमालय के घर कैसे हुआ। तो गणपति ने कहा यही प्रश्न नारदजी ने ब्रह्माजी से भी पूछा था। ब्रह्माजी ने उन्हें बताया था कि शैलराज में एक अत्यन्त सुन्दर, सर्वगुण सम्पन्न, वीर और तेजस्वी राजा हुआ। जिसका नाम हिमालय था। जो उत्तर दिशा में रहता था। हिमालय ने अपने कुल और मान-मर्यादा को ध्यान में रखकर विवाह करने की इच्छा प्रकट की। देवताओं के परामर्श पर पितृगण ने खुशी-खुशी अपनी पुत्री मैना का पर्वतराज हिमालय से विवाह कर दिया।

मुनियों ने गणेशजी से कहा कि प्रभु आप विस्तार में मैना के जन्म और शाप का वृत्तांत सुनाए। ब्रह्माजी ने नारद से कहा था कि दक्ष के यहां 60 पुत्रियों का जन्म हुआ था। दक्ष ने इनका विवाह कश्यप आदि ऋषियों से कर दिया था। इनमें से स्वधा नाम की कन्या का विवाह पितृगण से हुआ। स्वधा के मैना, धन्या और कलावती नाम की तीन कन्याएं उत्पन्न हुई। एक बार ये तीनों बहनें विष्णुजी के दर्शन करने के लिए श्वेत द्वीप गई। वहां एक सभा में सनकादि ऋषि-मुनि आए हुए थे। उनके स्वागत में सब उठ खड़े हुए पर ये तीनों बहनें शिवजी की माया से मोहित बेखबर रहीं और मुनियों को प्रणाम भी नहीं किया। क्रुद्ध होकर सनतकुमार ने इन तीनों बहनों को मनुष्य योनि में उत्पन्न होने का अभिशाप दे दिया।

तीनों बहनें अपनी अवस्था पर अत्यधिक दुःखी हुईं और मुनि के चरणों में गिरकर क्षमा-याचना करने लगीं। उनकी कारुणिक दशा को देखकर सनतकुमार को दया आ गई और उन्होंने कहा कि मैना हिमालय की पत्नी बनकर पार्वती को जन्म देगी। धन्या राजा जनक के यहां सीता को जन्म देगी और कलावती वृषभानु की पत्नी बनकर राधा को जन्म देगी। कालांतर में तुम्हारी यही पुत्रियां तुम्हें स्वर्ग में भेजेंगी।

मैना का विवाह हिमालय से हो गया। इन्द्र आदि देवतागणों ने मैना से अनुरोध किया कि वे तप करके भगवती दुर्गा को पुत्री रूप में प्राप्त करें। देवताओं का कहना मानकर मैना व हिमालय ने 27 वर्ष तक घोर तप किया। जिससे वे भगवती दुर्गा को पुत्री रूप में प्राप्त करने के योग्य बन गये।

शिव और शिवा की प्रतिमा बनाकर उन दोनों ने शिवजी का अखंड पूजन किया। भगवती दुर्गा उनकी एकनिष्ठ भक्ति, लगन और तपस्या को देखकर अत्यधिक प्रसन्न हुईं और उन्हें दर्शन दिए। दुर्गा ने मैना व हिमालय से वर मांगने को कहा। तब मैना ने देवी को प्रणाम करके प्रार्थना की कि उन्हें सौ पुत्र उत्पन्न हों और स्वयं भगवती दुर्गा पुत्री रूप में उनके गर्भ से उत्पन्न हों। मैना के वरदान को तथास्तु कहकर भगवती उमा अंतर्धान हो गईं। हिमालय व मैना अपने घर आ गए।

समय की गति के साथ-साथ मैना ने 100 पुत्रों को जन्म दिया। सबसे बड़े पुत्र का नाम मैनाक रखा गया। उसके उपरांत मैना के गर्भ से स्वयं भगवती जगदम्बा ने जन्म लिया। पुत्री के जन्म की खुशी में गिरिराज ने एक बड़े उत्सव का आयोजन किया। जिसमें हिमालय ने भिक्षुकों व ऋषियों का दान आदि से विशेष सम्मान किया। मुनियों ने कन्या के काली, महाकाली, दुर्गा और भगवती आदि अनेक नाम रखे।

देवी पार्वती धीरे-धीरे वयस्क होने लगीं और गुरुजनों से विद्या-अध्ययन करने लगीं। ब्रह्माजी ने नारदजी से कहा कि एक बार आप भी हिमालय के यहां गए थे और आपका वहां अच्छा स्वागत हुआ था। उन्होंने एक कन्या का हाथ दिखाकर तुमसे यह जानना चाहा था कि इस कन्या का भविष्य कैसा है? तुमने कहा था कि इस कन्या के सभी लक्षण शुभ हैं। पर एक विशेष बात है कि इसका पति योगी, दिगम्बर, पितृविहीन और अमंगल वेषधारी होगा।

अपनी पुत्री दुर्गा के विषय में सुनकर गिरिराज और मैना बहुत दुःखी हुए थे। पर दुर्गा स्वयं बहुत प्रसन्न हुईं। नारद तुमने उनसे कहा था कि एक ही देवता में यह विशेषताएं हैं और वे उनके गुण के रूप में होंगी। उस देवता का नाम शिव है। यदि तुम्हारी पुत्री भगवती पार्वती को वे ग्रहण कर लें तो आप लोगों का कल्याण ही होगा। पर शिवजी प्राप्त करने के लिए पार्वती को तपस्या करनी पड़ेगी। शिवजी पार्वती को ग्रहण करने के बाद अर्धनारीश्वर कहलाएंगे।

नारदजी ने ब्रह्माजी से जब अपनी ही कथा सुनी तो उनकी जिज्ञासा और भी बढ़ गई और वे ब्रह्माजी से पूछने लगे- हे पितामह! मुझे उसके बाद का पूरा वृत्तांत सुनाएं। समय के गुजरने के साथ-साथ मैना भी गिरिराज से कहने लगी कि अपनी पुत्री पार्वती के लिए वर की खोज करें। पर गिरिराज ने कहा कि आप मुनिवर नारद की बात को याद करो और पार्वती को शिवजी आराधना व तप करने को कहो।

गिरिराज की बात सुनकर मैना अपनी पुत्री पार्वती के पास गई और उसके पिता की बात सुनाई। तो तुरन्त पार्वती ने कहा मां मैंने एक स्वप्न देखा है जिसमें एक ब्राह्मण मुझसे शिवजी को प्राप्त करने के लिए तप करने का आग्रह कर रहा था। उसी रात को राजा हिमालय ने भी स्वप्न देखा कि कोई ब्राह्मण उनके नगर के बाहर तप कर रहा है।

पार्वती नित्यप्रति विभिन्न प्रकार से शिवजी की पूजा करने लगी। थोड़े दिनों के बाद शिव भी अपनी गण-मंडली लेकर उस नगर में तप करने के लिए आ गए। पार्वती और शिव एक-दूसरे को देखते तो थे पर कोई वार्तालाप नहीं होता था। ना ही शिवजी के मन में कोई विकार उत्पन्न होता था। शिवजी को ऐसी स्थिति में देवताओं ने कामदेव को काम प्रेरणा देने के लिए भेजा पर शिव ने अपने तप से उसे भस्म कर दिया। इधर पार्वती अनेक रूपों में शिवजी की निरन्तर पूजा और कठोर तपस्या करती रहीं। शिव पार्वती पर प्रसन्न हुए। ब्रह्मा और विष्णु आदि देवताओं के कहने पर शिवजी ने पार्वती से विवाह कर लिया।

नारदजी ने ब्रह्माजी से पूछा-हे भगवन्! जरा विस्तार से बताएं कि शिवजी ने कामदेव को कैसे भस्म किया? देवी पार्वती से अलग होने पर शिवजी ने क्या किया? वे तपस्या करने हिमालय क्यों गए? पार्वती ने तप द्वारा शिवजी को कैसे प्राप्त किया। हे स्वामी। सारे प्रश्न मुझे जानने की तीव्र इच्छा है।

शिवजी अपनी प्रिया पार्वती के वियोग में समस्त दिशाओं में घूम रहे थे। वे मनुष्य के समान विक्षिप्त होकर विचित्र स्थिति में घूम रहे थे। तभी अपनी मन की शांति के लिए वे हिमालय पर जाकर तपस्या करने लगे। एक दिवस समाधि खुलने पर कुछ पसीने के कण धरती पर जा गिरे। उन पसीने की बूंदों से चार भुजाओं वाला एक

तेजवान बालक उत्पन्न हुआ। वह बच्चा सामान्य मनुष्य की तरह रोने लगा। तभी पृथ्वी स्त्री वेष में वहां प्रकट हुईं और बालक को दूध पिलाकर शांत किया। शिवजी ने खुश होकर वह बालक पृथ्वी को दे दिया। वह बालक 'भीम' के नाम से विख्यात हुआ। उसने भी शिवजी का घोर तप किया तथा उन्हें प्रसन्न करके लोक-कल्याण किया।

अपनी प्रिया पार्वती से अलग होने के आठ वर्ष बाद उन्हें पता चला कि वह कन्या हिमालय के यहां पैदा हुई है। शिवजी अपने अनेक गणों को लेकर हिमालय के यहां तपस्या करने के लिए उपस्थित हुए। पर्वतराज हिमालय ने उनका स्वागत और सेवा की। शिवजी गंगावतरण वाले क्षेत्र में तप कर रहे थे। कई दिन बीतने के बाद हिमालय के बार-बार आग्रह करने पर शिवजी ने कहा कि वे गंगा के अवतरण क्षेत्र को सुरक्षित बना दें। शिवजी की एकचित्त तपस्या के लिए किसी का भी प्रवेश निषिद्ध कर दें। ऋषि, मुनि, देव और गंधर्व आदि भी वहां न जाने पाएं। पर्वतराज ने अपने नगर में इस आदेश पालन की घोषणा कर दी।

एक दिन हिमालय अपनी पुत्री पार्वती और अनेक सुन्दर उपहारों को लेकर शिवजी की सेवा में उपस्थित हुए। शिवजी तो अपनी समाधि में लीन थे अत: हिमालय उनकी समाधि खुलने तक प्रतीक्षा करने लगे।

समाधि खुलने पर हिमालय ने उनकी खूब सेवा, आराधना और स्तुति की तथा शिवजी से प्रार्थना की कि वे हिमालय को प्रतिदिन अपने दर्शन से कृतार्थ करें। साथ ही उनकी पुत्री को अपनी सेवा करने का अवसर दें। शिवजी ने हिमालय को दर्शन देने की बात तो सहर्ष स्वीकार कर ली परन्तु पार्वती को अपनी सेवा करने की अनुमति न दी तथा कहने लगे स्त्री पुरुष के वैराग्य में बाधक सिद्ध होती है। पर पार्वती उनकी बात से संतुष्ट नहीं हुईं। पार्वती ने शिवजी से प्रश्न किया, 'क्या प्रकृति के बिना लिंग रूपी महेश्वर का अस्तित्व विद्यमान रह सकता है?' शिवजी ने उत्तर दिया, 'सत्य पुरुष प्रकृति से दूर रहता है।'

पार्वती शिवजी की बात सुनकर हंस पड़ी। वह बोलीं- हे योगिराज! क्या आपका यह कथन स्वयं प्रकृति नहीं। यदि आप प्रकृति से अलग हैं तो फिर प्रकृति की गोद में बैठकर एकांत में तपस्या करने की क्या आवश्यकता है? प्रकृति से परे रहकर आप

स्वयं को नहीं जान सकते। यदि ऐसा संभव है तो मेरे यहां आने से आपका कोई अहित न होगा। पार्वती की ऐसी तत्त्वपूर्ण बातें सुनकर शिवजी निरुत्तर हो गए और उन्हें भी आने की अनुमति दे दी।

पार्वती शिवजी के तप क्षेत्र में प्रतिदिन आतीं। नित्यप्रति अनेक रूपों में उनकी सेवा-आराधना करतीं। परन्तु शिव के मन में कोई विकार उत्पन्न नहीं हुआ। कामदेव को भी देवताओं ने शिव का मन परिवर्तित करने के लिए भेजा परन्तु स्वयं अपना नाश कर लिया। कामदेव को असफल देखकर पार्वती घोर तपस्या में लीन हो गईं। अन्त में तपस्या से पवित्र शुद्धात्मा पार्वती को शिवजी ने पत्नी रूप में स्वीकार किया।

पार्वती से कार्तिकेय नामक बालक की उत्पत्ति हुई। जिसने बाद में तारकासुर को मारकर देवताओं का उद्धार किया और देवसेना का सेनापति बना। नारदजी ने ब्रह्माजी से पूछा- हे स्वामी! अब आप मुझे तारकासुर के विषय में विस्तार से बताएं। कश्यप की पत्नी दिति के पुत्र हिरण्यकशिपु और हिरण्याक्ष नर हरि रूप विष्णु के द्वारा मारे गए। लेकिन दिति ने अपने पति कश्यप को प्रसन्न किया और पुन: गर्भ धारण किया। इन्द्र ने एक छिद्र से गर्भ में प्रवेश कर गर्भ के टुकड़े-टुकड़े कर दिए। परन्तु दिति की तपस्या के कारण उसका गर्भपात नहीं हुआ।

समय पूरा होने पर दिति से 46 मरुद्‌गणों का जन्म हुआ और इन्द्र ने उन गणों को अपना मित्र बना लिया। अब पुन: दिति ने पति का सहारा मांगा तो कश्यप ने कहा कि वह ब्रह्माजी को तपस्या से प्रसन्न करके पुत्र प्राप्ति का वरदान मांगे। पति के परामर्श पर दिति ने ब्रह्माजी को तप द्वारा प्रसन्न किया। ब्रह्माजी की कृपा से दिति ने अत्यन्त बलशाली पुत्र को जन्म दिया। जिसका नाम बज्रांग प्रसिद्ध हुआ।

दिति ने अपने पुत्र बज्रांग को आप बीती सुनाकर इन्द्र से बदला लेने के लिए प्रेरित किया। बज्रांग ने देवताओं और इन्द्र को पकड़कर दडित किया। बाद में बज्रांग ने एक पुत्र उत्पन्न किया जो अत्यधिक उत्पात और विनाश करने वाला बना। जिसका नाम तारकासुर था। तारकासुर भयंकर उत्पात मचाते हुए भी ब्रह्माजी को प्रसन्न करने के लिए घोर तप करता रहा।

हे नारद! मैंने (ब्रह्मा) स्वयं उसे अजेय होने का वर दे दिया। अत्यन्त बलशाली तारकासुर ने अपनी शक्ति से इन्द्र का ऐरावत हाथी छीन लिया। उसके बाद कुबेर से उसकी नवनिधियां, सूर्य से उसका अश्व आदि छीन लिये। देवताओं की सब अच्छी-अच्छी मूल्यवान वस्तुएं छीनकर उन्हें स्वर्ग से निकाल दिया और स्वर्ग में दैत्यों को बसा दिया।

हे नारद! तारकासुर के अत्याचार से तंग आकर देवगण मेरे पास आए। देवताओं व इंद्र की व्यथा को सुनकर मैंने (ब्रह्माजी) कहा कि उसकी शक्ति का वरदान मैंने ही दिया था। उस शक्ति का नाश मेरे द्वारा संभव नहीं। उसे तो केवल शिवजी का पुत्र ही मार सकता है।

ब्रह्माजी ने देवताओं से कहा कि आपके पास जाकर उनसे अनुरोध करें कि वे हिमालय की पुत्री पार्वती को पत्नी रूप में स्वीकार करें। उनसे उत्पन्न पुत्र ही आपका कल्याण करेगा। शिवजी की कृपा से देवताओं को उनका स्वर्ग वापस मिल गया। तारकासुर शोणितसुर को अपनी राजधानी बनाकर वहीं राज्य करने लगा।

इन्द्र व अन्य देवताओं ने सभा करके कामदेव को कहा कि भगवान् शिव से उत्पन्न पुत्र ही तारकासुर का वध कर सकता है। इन्द्र के कहने पर कामदेव अपने मित्र वसंत को लेकर उस स्थान पर पहुंचे जहां शिवजी समाधि में लीन थे। कामदेव शिवजी के मन में पार्वती के लिए आसक्ति जगाने आए थे पर उन पर अत्यधिक मादक और मोहक वातावरण भी कोई प्रभाव न डाल सका।

कामदेव ने प्रयास किया कि कोई छिद्र शिवजी के शरीर पर हो तो वह उसमें प्रवेश करें। पर उसके सब बाण खाली गए। इसी समय पार्वती पत्र-पुष्प लेकर शिवजी की पूजा कर रही थीं कि शिवजी तप छोड़कर एक पल को पार्वती के रूप व सौन्दर्य को देखने लगे। उसी पल कामदेव को एक छिद्र मिल गया और वह उनके शरीर में प्रवेश कर गया।

जैसे ही शिवजी ने पार्वती को देखा, वह लजा गईं। जिससे उनका रूप और भी निखर आया। पार्वती थोड़ी दूर जा तिरछी दृष्टि से उन्हें देखने लगीं। शिवजी के मन में उनकी क्रीड़ाओं को देखकर पार्वती को अलिंगनबद्ध करने की इच्छा हुई। परन्तु तुरन्त ही वे चेतन हुए और अपने मन के इस विकार पर पश्चात्ताप करने लगे।

शिवजी अपनी इस स्थिति पर विचार करने लगे कि ऐसा क्यों हुआ। तो उन्होंने अपने बाएं अंग में कामदेव को उपस्थित पाया। शिवजी को कामदेव पर क्रोध आया और उन्होंने उसे भस्म कर दिया। देवता कामदेव की दशा पर विलाप करने लगे और उसकी पत्नी रति मूर्च्छित हो गई। पार्वती अत्यधिक भयभीत हो गईं।

देवताओं ने शिवजी की स्तुति-वन्दना कर कहा कि हे प्रभु! रति का दुःख दूर करें। तब शिवजी ने कहा कि कामदेव को शरीरधारी तो वे अब कर नहीं सकते। वह अशरीरी ही रहेगा एक उपाय बताता हूं-द्वापर में श्रीकृष्ण की पत्नी रुक्मिणी के गर्भ से प्रद्युम्न नाम के एक बालक का जन्म होगा। जिसे शंबर दैत्य चुराकर समुद्र में फेंक देगा। रति समुद्र से निकले प्रद्युम्न को पति रूप में प्राप्त करेगी। ऐसा सुनकर रति शंबर दैत्य के क्षेत्र में चली गई।

शंकरजी के नेत्रों से निकली क्रोधाग्नि लोक को विचलित कर रही थी तभी ब्रह्माजी ने समुद्र से उसे शांत करने की प्रार्थना की। समुद्र ने अग्नि को अपने में सम्मोहित कर लिया। शिवजी के अंतर्धान होने पर पार्वती वियोगग्रस्त हो गईं। पार्वती को माता-पिता व सबने समझाया और धैर्य बंधाया।

कामदेव के प्रयासों के असफल होने पर स्वयं गौरा ने तप का मार्ग चुना। वे गंगोत्री के पास गंगावतरण स्थान पर भृंगी तीर्थ पर जप करने लगीं। एक वर्ष फल पर निर्वाह किया, दूसरे वर्ष पत्तों पर और तीसरे वर्ष निराहार रहीं।

3000 वर्ष तक निराहार, एक पैर पर खड़ी पार्वती शिव मंत्र का जाप करती रहीं। शिवजी फिर न प्रसन्न हुए और न प्रकट। पार्वती के माता-पिता ने उन्हें समझाया जो कामदेव के वश में नहीं आ सके उनकी प्राप्ति का ध्यान छोड़ दो। पर पार्वती भक्तों को प्रसन्न करने वाले शिव की आराधना करती ही रहीं।

पार्वती की कठोर तपस्या से इन्द्र, विष्णु, देवता और ब्रह्मा सभी विचलित हुए। उन्होंने शिवजी के पास जाने का निर्णय किया। पहले उन्होंने सिद्धि रूपा पार्वती का पवित्र मंगलमय रूप देखा फिर शिवजी के सम्मुख उपस्थित हुए। वहां मंत्रों और श्लोकों से देवता शिवजी की स्तुति करने लगे। शिवजी ने अपनी तंद्रा तोड़ी और देवताओं के आने का कारण पूछा।

देवताओं ने तारकासुर के उपद्रव व अत्याचारों से बचने का उपाय बताते हुए शिवजी से कहा कि भगवन् आप पार्वती से विवाह कर लीजिए। आपसे उत्पन्न पुत्र ही तारकासुर का वध करेगा।

शिवजी ने कहा कि पार्वती से विवाह कर मैं कामदेव को पुनः जीवित तो कर दूंगा पर आप सब देवगणों का अपनी साधना व तप से अपने कष्टों का निवारण करना होगा। ऐसा कहकर पुनः शिव ध्यानमग्न हो गए।

पर देवगणों ने शिव की स्तुति न छोड़ी। शिवजी ने पुनः चेतन होकर उनके आने का कारण पूछा। विष्णुजी ने कहा कि त्रिकालदर्शी भगवान् शंकर आप पार्वती से विवाह करें। पार्वती आपको पाने के लिए तपस्या रत है। उनसे उत्पन्न पुत्र तारकासुर का वध करेगा और रति के वरदान की पूर्ति का भी समय आ गया है।

शिवजी ने विष्णु से कहा तप और ध्यान में स्त्री बाधक है। स्त्री का संग कुसंग है। वह निगूढ़ बंधन है। मेरी विहार व रमण की इच्छा नहीं पर आपके कल्याण और तारकासुर के वध के लिए मैं पार्वती से विवाह कर लूंगा।

शिवजी ने सप्त ऋषियों को पार्वती की परीक्षा लेने के लिए भेजा। ऋषियों ने पार्वती से पूछा कि उन्हें तप करने की विधि किसने बतायी। पार्वती ने मुनिवर से नारद का नाम लिया। तो ऋषिवर कहने लगे-नारद तो मन के काले हैं और शरीर के उजले। वे घर-द्वार बसाना क्या जानें। साथ ही शिवजी की बुराई व निंदा की। शंकर को निर्लज्ज, अमंगल वेषधारी, दिगम्बर और भूत-प्रेतों का साथी बताया। उन्हीं के कारण दक्ष की पुत्री को जलकर मरना पड़ा। तुम उनका ख्याल छोड़ दो। पार्वती ने ऋषियों की एक न सुनी।

फिर तो स्वयं शिव ब्रह्मचारी का वेष बनाकर पार्वती के सम्मुख आए। उनसे उनके तप का कारण पूछा? तब पार्वती ने कहा कि उन्होंने जन्म-जन्मांतर तक शिवजी को पति रूप में प्राप्त किए रखने का दृढ़-संकल्प किया है। शिव ने स्वयं इस विचार को अविवेकपूर्ण बताया। शिव को कपाली, भस्मधारी, सर्पों को धारण करने वाला, विष पीने वाला और तीन आंखों वाला तथा गृहस्थी के लिए सर्वथा अनुपयुक्त बताया। पार्वती ने शिवजी की निंदा ब्रह्मचारी से सुनी तो बेचैन हुई उसे मृत्युदंड देने योग्य पात्र कहा और कहा कि वह उन्हें पथभ्रष्ट करके तप से गिराना चाहते हैं।

पार्वती ने ब्रह्मचारी से कहा कि तुम्हें शिव की वास्तविकता का ज्ञान नहीं है। तुम शिव के मूल तत्त्व, उनके अस्तित्व को नहीं जानते हो। वे सगुण और निर्गुण ब्रह्म के आत्मा रूप हैं। आप उनकी निंदा न करें। पुनः ब्रह्मचारी ने कुछ कहना चाहा तो पार्वती ने अपनी सखी से उस स्थान से आगे चलने को कहा। जैसे ही पार्वती वहां से चलने को उत्सुक हुई कि शिव ने अपना वास्तविक रूप प्रकट किया। अपने दर्शन देकर पार्वती के मनोरथ को पूरा करने का वरदान देने की घोषणा कर दी।

अपने प्रभु शंकर के दर्शन प्राप्त कर और वर लेकर पार्वती पिता के घर आ गई। एक दिन शिव नर्तक के वेष में 'मैना' के घर आए और मोहक नृत्य करने लगे। नृत्य बड़ा ही आकर्षक था। मैना (पार्वती की माता) ने उन्हें भिक्षा देनी चाही तो शिवजी ने पार्वती को भिक्षा में मांगा। नर्तक की मांग पर मैना दुःखी व क्रोधित हुई। हिमालय ने नर्तक के तेजस्वी रूप को देखा तो मोहित हो गए। हिमालय ने उनकी मांग मान ली। ब्रह्मा ने फिर नारदजी से कहा कि हिमालय और शिव की प्रीति बढ़ने लगी। इस मित्रता को देखकर इन्द्र चिन्तित हो गए। इन्द्र ने बृहस्पति से उनकी मित्रता में बाधा डालने की प्रार्थना की। पर देवगुरु ने अस्वीकार कर दिया। फिर इन्द्र ने विष्णु से प्रार्थना की। पर उन्होंने भी कहा कि मैं शिव-निंदा का पाप नहीं करूंगा। यदि आप हिमालय की मुक्ति नहीं चाहते तो स्वयं शिवजी को प्रसन्न करो और शिव को स्वयं अपनी निंदा के लिए प्रेरित करो। क्योंकि उनकी निंदा का संकट कोई नहीं उठाएगा। इन्द्र ने अन्त में शिवजी की शरण ली।

इन्द्र अनुरोध पर एक दिन शिवजी ज्योतिषी के रूप में हिमालय के घर पधारे। ज्योतिषी ने कहा कि शिव जटाधारी, श्मशानवासी, दिगम्बर, कुरूप और अगुणी हैं। आप ऐसे पात्र से पार्वती का विवाह न करें। ज्योतिषी ने शिव की बहुत निंदा की पर पार्वती ने कहा यदि शिवजी से मेरा विवाह न हुआ तो मैं विष खाकर या पर्वत से कूदकर अथवा समुद्र में डूबकर मर जाऊंगी।

शंकरजी ने सप्त ऋषियों का स्मरण करके उन्हें बुलाया। सप्त ऋषि अरुंधती के साथ शिवजी की सेवा में उपस्थित हो गए। शिवजी ने सप्त ऋषियों से पार्वती के घोर तप, तारकासुर के वध और पार्वती से विवाह की समस्त बातें कहीं। देवताओं के उद्धार के लिए संतान उत्पत्ति की आवश्यकता है। वह स्वयं मेरी (शिव) होगी। शिवजी ने कहा कि आप लोग हिमालय के पास जाकर उन्हें समझाएं और पार्वती को विवाह शंकर से करने का आदेश दें।

सप्त ऋषियों ने मैना और हिमालय को बताया कि शिव अत्यन्त विलक्षण, अनुपम और अविकारी तत्व रूप हैं। वे निर्गुण व सगुण हैं। कुबेर जैसा देवता जिसका सेवक हो वह शंकर दरिद्र कैसे हो सकता है? शिवजी से सम्बन्ध स्थापित करना गौरव की बात है। वशिष्ठ ऋषि ने पर्वतराज को समझाते हुए कहा कि अपनी हठ छोड़ पार्वती का विवाह शंकर से कर दें। उन्होंने कहा अरण्यराज ने ब्राह्मण को अपनी कन्या देकर अपनी सम्पत्ति बचा ली थी वैसे ही आप अपनी कन्या देकर कष्टों से मुक्ति पाएं।

हिमालय ने वशिष्ठ जी से अरण्यराज की कथा पूछी। वशिष्ठ ने कहा-अरण्यराज की एक रूपवती कन्या पद्मा थी और उसके अनेक पुत्र थे। राजा अपनी पुत्री से बहुत प्रेम करता था। एक दिन पद्मा जल में विहार कर रही थी कि विप्पलाद आदि ऋषि वहां आए। वह पद्मा को देखकर मोहित हो गए। उन्होंने राजा से उनकी पुत्री पद्मा की मांग की। राजा को उनका बुढ़ापा देखकर बहुत चिंता हुई और अपनी पुत्री को न देने का अनुरोध किया। पर विप्पलाद न माने। पुरोहित ने अरण्यराज को ऋषि के श्राप से बचने के लिए पद्मा को विप्पलाद ऋषि को देने को कहा। पद्मा ने इसे ईश्वर का विधान मानकर स्वीकार कर लिया और पति सेवा में लग गई।

पतिव्रता पद्मा अपने धर्म का पालन करते हुए जीवन व्यतीत कर रही थी कि एक दिन धर्म ने एक सुन्दर युवक- का रूप धारण करके पद्मा को अपनी काम-वासना का शिकार बनाने के चेष्टा की। पतिव्रता स्त्री को क्रोध आया और धर्म को नष्ट करने का शाप दे दिया। तभी धर्म ने अपना सत्य रूप प्रकट किया और कहा कि उसने अभद्र व्यवहार ब्रह्माजी की आज्ञा से पद्मा की परीक्षा लेने के लिए किया था।

पद्मा धर्म की बात सुनकर चिन्तित हो उठी। अब उसके सामने दो प्रश्न थे। एक तो उसका शाप अन्यथा नहीं हो सकता, दूसरे धर्म के बिना लोक यात्रा का प्रवर्तन कैसे हो सकता है? अंत में पद्मा ने मार्ग निकाल लिया। पद्मा ने व्यवस्था की कि धर्म को द्वापर में एक चरण, त्रेता में दो चरण और कलियुग में तीन चरण होकर रहना पड़ेगा। पर सतयुग में धर्म पुनः चारों चरणों से युक्त हो सकता है। इस पर धर्म ने विप्पलाद को यौवन का वरदान दे डाला। जिसके कारण व पद्मा के साथ सुख-पूर्वक रहते हुए जीवन-यापन करने लगे।

गुरु वशिष्ठ ने पर्वतराज हिमालय से कहा कि एक सप्ताह बाद सुन्दर लग्न का योग है। इस लग्न में चन्द्रमा सारे दोषों से रहित होता है। ऐसे में भगवती जगदम्बा और जगत्पिता शंकर का विवाह करके आप कृतकृत्य हो जाएंगे। ऋषि की बात सुनकर पर्वतराज ने अपने साथियों (सुमेरु, गंधमादन, मंदन, मैनाक, विंध्याचल आदि) को विचार-विमर्श के लिए बुलाया और सप्त ऋषियों को अपनी स्वीकृति दे दी। कैलाश जाकर ऋषियों ने शिवजी को सारा वृत्तांत सुनाया।

कैलाश पर्वत पर ऋषि शिवजी के विवाह की तैयारी करने लगे और पर्वतराज अपने नगर में पार्वती के विवाह के लिए व्यस्त हो गए। विश्वकर्मा ने बरातियों और दूल्हे कें लिए नगर को अत्यधिक सुन्दर व सुविधाजनक बना दिया।

नारदजी ने ब्रह्माजी से शिवजी के विवाह का वर्णन पूछा। ब्रह्मा ने कहा- नारद तुम तो स्वयं ही भगवान् शंकर के पास लग्न पत्रिका लेकर पहुंचे थे। शिवजी ने तुम्हारे द्वारा ही देवों, किन्नरों, गंधर्वों, अप्सराओं को निमंत्रण देने का काम सौंपा था।

सारे अतिथियों ने कैलाश पर पहुंच कर शिवजी को सजाया। शिवजी ने सब अतिथियों का स्वागत सत्कार किया। फिर सप्तमात्रिकाओं ने शिवजी को वर के रूप में सजाया।

शिवजी के सिर पर मुकुट और मुकुट पर चन्द्रमा सुशोभित होने लगा। तिलक के स्थान पर तीसरा नेत्र शोभायमान होने लगा। दोनों कानों में सर्प के कर्णफूल सजे। हाथी के चाम से उनका दुकूल बनाया गया और चंदन से उनका अंगराग बनाया गया।

शिव शंकर को प्ले के रूप में सजा कर सब देवता गंधर्व और बाराती आदि कैलाश पर्वत से चल पड़े। यह बारात अपने में विलक्षण थी क्योंकि इसमें ब्रह्मा, विष्णु, इन्द्र के अतिरिक्त अनेक सिद्ध, भूत-प्रेत, बैताल, ब्रह्म, राक्षस, यक्ष, किन्नर और अप्सराएं अकेले और अपने परिवारों के साथ सम्मिलित हुए थे।

बारात जब हिमालय के नगर के समीप पहुंची तो पार्वती की माता मैना को बारात देखने की बहुत उत्सुकता हुई। हे नारद! उस समय तुम्हीं पार्वती के परिवार की सहायता कर रहे थे। जैसे-जैसे मैना प्रत्येक रूपवान सजे हुए पुरुष को देखती तो कहती यही शिव है और तब तुम्हीं कहते थे कि ये शिव नहीं। नारद तुमने ही मैना को देव, गंधर्व, किन्नर और यक्ष इत्यादि का परिचय दिया और कहा कि ये सब तो शिव के बंधु-बांधव हैं। शिवजी तो इनसे कहीं अधिक कांतिमान व रूपवान हैं। ऐसा सुनकर मैना अत्यधिक प्रसन्न हुईं।

पर जैसे ही मैना का साक्षात्कार शिवजी से हुआ तो वह हतप्रभ हो गईं। शिवजी बैल पर सवार, 5 मुख वाले, 3 नेत्र वाले और शरीर पर भभूत धारण किए थे। ऐसा विचित्र रूप देखकर मैना मूर्च्छित हो गईं। उनकी सखियां भी घबरा गईं और मैना की सेवा-उपचार में लग गईं।

जब मैना को होश आया तो वह रोने और विलाप करने लगी कि मेरी पुत्री के भाग्य में यही लिखा था। इस प्रकार के पति को पाने के लिए पार्वती की साधना और पार्वती को बुरा- भला कहने लगी। जिस जिसने इस विवाह के लिए स्वीकृति दी और

प्रयास किए थे मैना ने सभी को अपशब्द कहे। विवाह के लिए लाई शुभ-सामग्री को भूलकर पार्वती पर चिल्लाने लगी। कहने लगी कि क्या तेरी पूजा भक्ति ऐसे ही वर के लिए थी। यह सब तो बिलकुल व्यर्थ गई।

मैना ने कहा नारदजी मैंने तो पहले ही इस लड़की को समझाया था। जैसे कोई सोना देखकर भी कांच खरीदे और चंदन के स्थान पर भभूत प्रयोग करे-यह तो ऐसी ही बात है। भला इस रूप में पतिवर पाकर क्या पार्वती प्रसन्न रह पाएगी? पार्वती ने क्या यह दिन देखने को तप किया था?

नारदजी! मैंने तो उसे पहले ही बहुत समझाया था पर वह हठी लड़की नहीं मानी और निरन्तर शिवजी को पाने के लिए तप करती रही। जब तुमने मैना को समझाने की कोशिश की तो तुम्हें भी उसने अधम और दुष्ट कहकर दूर हो जाने को कहा और अन्त में मैना ने यह घोषणा कर दी कि पार्वती की शादी शिव शंकर से नहीं होगी।

ऐसा सुनकर सभी जनसमुदाय व देव समुदाय में हलचल मच गई। पर्वतराज हिमालय ने मैना को समझाने का प्रयास किया। उन्होंने कहा, सत्य को स्वीकार करना ही हितकर और श्रेष्ठ होता है। लेकिन मैना ने पति की बात भी नहीं मानी।

पार्वती ने स्वयं माता मैना को बहुत समझाने का प्रयास किया। लेकिन मैना तो और क्रोध से भर गई और पार्वती को मारने-पीटने भी लगी। सभी देवगण और विष्णु आदि ने मैना को शिवत्व का सार समझाने की कोशिश की। पर उन्होंने कहा जब तक मैं शंकर को सुन्दर रूप में नहीं देख लूंगी सन्तुष्ट नहीं हो सकती। उसके बाद शिवजी को अत्यन्त सुन्दर और सुसज्जित वेष में मैना के सामने उपस्थित किया गया। फिर उन्हें देखकर मैना अपनी पुत्री का विवाह उनसे करने को तैयार हो गई।

अन्त में शिवजी अपने गणों के साथ हिमालय के द्वार पर पहुंचे। मैना उनकी रूप सुषमा देखकर मुग्ध हो रही थी। सम्पूर्ण निष्ठा व भक्ति से मैना ने शिवजी की आरती उतारी। अनेक संस्कारों के सम्पन्न होने के साथ-साथ पार्वती का यज्ञोपवीत संस्कार किया गया और शिवजी के द्वारा लाए वस्त्र-आभूषण पार्वती को पहनाए गए।

पंडितों में शिव की ओर से गुरु बृहस्पति ने तथा पार्वती की ओर से गर्ग ने शुभ लग्न में शिवजी और पार्वती का विवाह संपन्न कराया। पर्वतराज हिमालय और मैना ने कन्यादान किया।

मंत्रों के उच्चारण के बीच जब शिवजी के कुल और गोत्र के विषय में पूछा गया तो नारदजी आपने ही उनकी महिमा, अरूप, निराकार, मायातीत, परब्रह्म होने का गान किया और गोत्र आदि की लौकिक बातों में न उलझने का परामर्श दिया। गोत्र आदि के बन्धन को छोड़कर हिमालय ने कन्यादान किया। शिवजी को अनेक उपहार, वस्तुएं और धनराशि देकर संतुष्ट करके विदा किया।

ब्रह्माजी ने नारदजी से कहा कि जब विवाह हो रहा था तो मेरा मन पार्वती का मुखमण्डल देखने को लालायित हो रहा था। जब कोई उपाय न दिखा तो मैंने यज्ञ में गीली समिधाएं डाल दीं और पार्वती धुएं से बचने के लिए अपने मुख को अनावृत करने को विवश हुई। पार्वती का अनुपम सौन्दर्य देखकर मैं (ब्रह्मा) स्वयं काम मोहित हो गया।

स्थिति यहां तक बिगड़ी कि मैं अत्यधिक क्षुब्ध हो गया और वहीं स्खलित हो गया। मेरा यह कर्म शिवजी से भी न छिपा रह सका और शिवजी मुझे मारने को दौड़े। पर देवताओं के समझाने और स्तुति करने पर शिवजी शांत हो गए।

किन्तु हे नारद! मेरा अंश धरती पर गिर गया और सहस्र कणों में विभाजित हो गया। उससे सहस्रों बालखिलय ऋषि उत्पन्न होकर तत्काल मुझे माता-पिता कहने लगे। पर नारद तुम सारी स्थिति से बहुत क्रोधित हुए और कुपित होकर उन ऋषियों को गंधमादन पर्वत पर तपस्या करने के लिए भेज दिया।

शिवजी मुझसे (ब्रह्मा) अभी भी रुष्ट थे। इसीलिए मैं शिव की एकनिष्ठ भक्ति करने लगा तो शिवजी मुझ पर प्रसन्न हुए और प्रसन्न होकर सृष्टि रचना करने का मुझे वरदान दिया।

फिर मेरा विवाह सांसारिक से संम्पन्न कराया गया। उसी समय रति भी वहां आ गई और शिवजी से प्रार्थना की कि अपनी भस्मी- भूत से उसके पति कामदेव को

जीवित कर दें। शिवजी ने प्रसन्न होकर अपनी भस्मी कामदेव पर डाली और कामदेव पुनः प्रकट हो गए। यह देखकर रति बहुत प्रसन्न हुई। लेकिन शिवजी ने रति और कामदेव को विष्णुलोक से बाहर ही रहने का आदेश दिया। जिसे उन्होंने मान लिया।

शिवजी और पार्वती के विवाह के सारे कार्य सम्पन्न होने के बाद बारात कैलाश पर्वत पर आ गई और सारे बाराती शिवजी की अनुमति ले कर अपने-अपने स्थान पर वापस लौट गए और पार्वती अपने परमेश्वर शिव के साथ आनंद से दिन बिताने लगी।

युद्ध खण्ड - नाम खण्ड

देवताओं के समाज में एक बार देवराज इन्द्र के प्रमाद से मत्सर नामी असुर का जन्म हुआ। मत्सर ने दैत्य गुरु शुक्राचार्य से शिव पंचाक्षारी मन्त्र (ओ३म् नमः शिवाय) की दीक्षा ली और भगवान् शिव की कृपा और आशीष प्राप्त करने के लिए घोर तपस्या की। आशुतोष भगवान् शंकर ने माता पार्वती सहित प्रकट होकर मत्सर को दर्शन दिए।

प्रसन्नचित कामारि ने उससे इच्छित वर मांग लेने को कहा। मत्सर ने भी मनोनुकूल वर प्राप्त कर लिये। परन्तु प्रसन्न गिरिजापति ने उसे एक वर और दे दिया- कि आज से तुम्हें किसी से भय नहीं रहेगा।

पार्वती वल्लभ से वरदान प्राप्त करके मत्सर खुशी-खुशी अपने निवास स्थान पर आया। गुरु शुक्राचार्य ने उसे दैत्यों के राजा के रूप में अभिषेक करके सम्मानित किया। दैत्यों ने अपने अधिपति मत्सर से निःसंकोच कहा- 'आप पर भगवान् आशुतोष के वरदानों की अनुपम कृपा है, अत: आप विश्व विजय करो क्योंकि वर के प्रभाव के कारण आपको जगत् में कोई भी भयभीत नहीं कर सकता।'

अपने अनुचरों की सलाह मानकर मत्सरासुर ने भी संसार के सभी राजा-महाराजाओं को जीतने का निश्चय किया। एक विशाल सेना लेकर और विश्व-विजय करने का निश्चय करके पृथ्वी के नरेशों पर आक्रमण कर दिया। पृथ्वीवासी नरेशों ने उस पराक्रमी दैत्य की विशाल व शक्तिशाली सेना का सामना करने में अपने आपको असमर्थ पाया। कुछ राजा तो अपने प्राण बचाकर रणभूमि से भाग खड़े हुए और कुछ जिन्होंने उससे टक्कर लेने का प्रयास किया तो उन्हें पराजय ही मिली। अत: मत्सरासुर का तो पृथ्वी पर एकाधिपत्य स्थापित हो गया और वह सम्पूर्ण भूमण्डल का स्वामी हो गया।

मत्सरासुर को अपने बल और शक्ति पर अत्यधिक गर्व हो गया उसके बाद गर्वोन्मत्त असुर ने पाताल लोक पर भी चढ़ाई कर दी। अपनी शक्ति के मद में चूर असुर ने वहां सर्वनाश आरम्भ कर दिया पाताल के स्वामी शेषनाग ने भी उसकी अधीनता स्वीकार कर ली और मत्सरासुर को नियमपूर्वक कर देना भी स्वीकार कर लिया।

दैत्य मत्स को इतना सब प्राप्त करने पर भी संतोष नहीं हुआ इसीलिए पृथ्वी और पाताल लोक दोनों पर अधिकार करने के बाद उसने स्वर्गलोक पर भी आधिपत्य करने का विचार बनाया और स्वर्गलोक पर भी आक्रमण कर दिया। शिवजी के वरदान और आशीष के कारण निर्भयी मत्सरासुर ने स्वर्ग में भी कोलाहल मचा दिया।

वरुण, कुबेर, यम आदि देवता को भी रणक्षेत्र में मत्सरासुर ने हरा दिया। इन्द्रराज की नगरी अमरावती को भी चहुं ओर से घेर लिया। पराक्रमी सुरेन्द्र भी उसकी शक्ति का लोहा न ले सके। इस प्रकार मत्सरासुर ने स्वर्गलोक पर भी अपना अधिकार कर लिया।

देवतागण जब असुरों के अत्याचार, आतंक से त्रस्त हो गये तो सब मिलकर कैलाश पर्वत पर गिरिजापति शंकर के चरणों में जा उपस्थित हुए। वे कहने लगे कि भगवन् दैत्यों ने तो देवलोक में भी घोर उपद्रव मचा रखा है। उन्होंने अपनी विपद कथा भगवान् आशुतोष को सुनाई। शिव शंकर ने मत्सरासुर के कुकृत्यों की बड़ी निन्दा की। दैत्यराज ने जब सुना तो वह कैलाश पर्वत पर भी जा चढ़ा। वहां पर त्रिपुरारि अर्थात् भगवान् शंकर से भी दैत्य ने युद्ध किया। पर त्रैलोक्य विजयी असुर ने त्रिपुरारि शिव को भी हरा दिया और उन्हें अपने बंधन में बांध लिया और भवानीपति व कैलाश को भी अपने आधीन कर लिया।

चहुं ओर अपना आधिपत्य फैलाकर असुर ने सारा साम्राज्य अपने पुत्रों को दे दिया और स्वयं मत्सरावास में रहने लगा। उन निर्दयी, निष्ठुर और अत्याचारी दैत्यों के अत्यन्त कठोर शासन में निरन्तर अनीति और अत्याचार का ताण्डव होने लगा। देवताओं के दुःख का ठिकाना न था। अतः सब देवगण एकत्रित होकर दैत्यों से बचने का उपाय सोचने लगे। पर उन्हें कोई मार्ग नहीं सुझाई दे रहा था देवता बड़े चिन्तित और दुःखी हुए।

अपनी दैविक शक्ति और देवयोग से भगवान् दत्तात्रेय विष्णु उस देव समुदाय के बीच उपस्थित हुए। देवताओं की दयनीय स्थिति को देखकर उन्होंने सलाह दी कि वे वक्रतुण्ड के एकाक्षरी मन्त्र 'ग' का जाप करें और उनका अनुष्ठान करके अपने दुःखों से छुटकारा पा लें। नारायण ने देवताओं को प्रेरणा देकर जागरूक किया।

समस्त देवतागण और भगवान् पशुपति भी वक्रतुण्ड की स्तुति और एकाक्षरी मंत्र का जाप करने लगे। देवताओं की भक्ति और आराधना को देखकर भगवान् वक्रतुण्ड उन पर प्रसन्न हो गए। सद्यः फलदाता वक्रतुण्ड ने कहा-आप लोग चिन्ता न करें मैं दैत्यों के अत्याचार और मत्सरासुर के गर्व को चूर-चूर कर दूंगा।

भगवान् अर्थात् गणेश के स्मरण मात्र से उनके असंख्य गण अपनी सेना शस्त्रों से सुसज्जित होकर एकत्रित हो गए। अपने गणों को साथ लेकर देव वक्रतुण्ड मत्सरासुर की नगरी में जा पहुंचे। असुरों ने अपनी राजधानी में असंख्य शत्रुओं की सेना को देखा तो डर के मारे कांप गए और भयभीत होकर अपने स्वामी मत्सरासुर के पास जा पहुंचे। वे विनयपूर्वक कहने लगे-स्वामी पराक्रमी शत्रुओं की सेना देखकर हमारे होश उड़ गए। उनसे लोहा लेना कठिन है। त्रैलोक्य विजयी मत्सरासुर ने जब अपने अनुचरों की बात सुनी तो वह अत्यधिक क्रोधित हुआ और अपने सैनिकों को भी दुर्वचन कहे। अत्यन्त कुपित अवस्था में वह स्वयं शत्रु से मुकाबला करने व उसे मिटा देने के लिए रणक्षेत्र में जा पहुंचा। भगवान् वक्रतुण्ड और असुरों में घमासान युद्ध होने लगा पर विजय किसी पक्ष की नहीं हुई।

मत्सरासुर के पराक्रमी योद्धा वक्रतुण्ड अर्थात् गणेश की सेना को देखकर रणक्षेत्र से राजमहल में आ गए। अपने अनुचरों को देखकर मत्सरासुर को क्रोध आया। तीनों लोकों का राजा असुर भला यह कैसे सहन कर सकता था। वह कुपित अवस्था में स्वयं शत्रु को मिटाने के लिए रणक्षेत्र में जा पहुंचा।

भगवान् वक्रतुण्ड अर्थात् वक्र के समान तुण्ड धारण करने वाले देव और उनके गणों के साथ मत्सरासुर का घमासान युद्ध होने लगा। पर दोनों पक्षों में विजय किसी की भी न हुई। मत्सरासुर के पुत्रों ने शिवजी को समर में मूर्च्छित किया था। उसका

क्रोध ही वक्रतुण्ड अर्थात् गणेश को था अतः उनके दो गणों ने असुर के दो पुत्रों को मृत्यु के घाट उतार दिया। अपने पुत्रों की मृत्यु से राक्षस छटपटा गया। उसके दैत्यों ने उसे युद्ध करने के लिए और उत्साहित किया। मत्सरासुर अपने अनुचरों के परामर्श पर रणभूमि में वक्रतुण्ड के सामने उपस्थित हो गया।

भगवान् वक्रतुण्ड ने फिर कहा कि हे दुष्ट राक्षस, यदि तुझे तनिक भी अपने प्राणों का मोह है तो तुरन्त मेरी शरण में आ जा। अन्यथा तुझे प्राणों से हाथ धोना पड़ेगा। मत्सरासुर वक्रतुण्ड के विशाल और भयानक रूप को देखकर डर गया और चरणों में शीश नवा कर भगवान् वक्रतुण्ड की स्तुति करने लगा।

एक बार महर्षि च्यवन ने मद की सृष्टि की। मद ने महर्षि को शीश झुकाकर प्रणाम किया। पिता की आज्ञा से पाताल लोक पहुंचे। मद ने दैत्य गुरु के चरणों में शीश नवाया। दैत्य गुरु ने उनसे उनका परिचय पूछा तो मद ने कहा, 'मैं च्यवन का पुत्र हूं, चूंकि आपके सहोदर महर्षि का पुत्र हूं, अतः आपका भी पुत्र हुआ आप मुझे अपना शिष्यत्व प्रदान करें। मेरी अभिलाषा है कि समस्त ब्रह्माण्ड का एकछत्र राजा मैं ही बनूं।'

गुरु शुक्राराचार्य ने मद को शिष्य बनाया और एकाक्षरी शक्ति मन्त्र 'ह्रीं' की दीक्षा दी। मद ने अपने गुरु के चरणों में प्रणाम किया और वन में तप करने चला गया। मद निराहार, ध्यानमग्न होकर तप करने लगा। तपस्या करते-करते हजारों वर्ष बीत गये और उसके शरीर में हड्डियां शेष रह गईं। चारों ओर वनस्पति उग आई।

असुर के इस घोर तप से प्रसन्न हो भगवती प्रकट हुईं। भगवती ने उसे सावधान किया तो वह जगत्जननी माता के चरणों में गिर पड़ा। भगवती उसकी स्तुति से प्रसन्न हुईं और वरदान दिया कि तुम निरोग रहोगे। ब्रह्माण्ड का अचल रहस्य तुम्हें मिलेगा तथा तुम्हारी प्रत्येक इच्छा पूर्ण होगी।

माता भगवती मदासुर को वरदान देकर अंतर्धान हो गईं। असुर प्रसन्न मुख अपने नगर को वापस आ गया। मदासुर ने अपने लिए सुन्दर गृह का निर्माण कराया और प्रमादासुर की कन्या लालसा से विवाह करके रहने लगा। पराक्रमी दैत्य उसके नगर में

और बसने लगे। दैत्य गुरु शुक्राचार्य को भी मदासुर के नगर में आदरपूर्वक ले आए और उसे राज्यपद पर बैठा दिया और सभी दूर-दूर के दैत्य भी इस कार्य से प्रसन्न हुए।

दैत्यराज मदासुर पत्नी लालसा के साथ सुखपूर्वक जीवन बिताने लगा। उसके यहां तीन पुत्र उत्पन्न हुए। विलासी, लोलुप और धनप्रिय। मदासुर ने भूमण्डल पर अपना राज्य स्थापित किया। शक्ति और मद में सम्पन्न दैत्य ने स्वर्ग पर आक्रमण कर सुरेन्द्र को भी अपने अधीन कर लिया। तीन नेत्रों और हाथ में त्रिशूल धारण करने वाले भगवान् शिव को भी पराजित कर दिया। इस प्रकार तीनों लोक मदासुर के अधीन हो गए। समस्त ब्रह्मांड में बर्बर व क्रूर दैत्यों का ही शासन चलने लगा। धरती पर समस्त धर्म-कर्म लुप्त हो गए। देवता व ऋषि-मुनियों के दुःख की कोई कोई सीमा न रही।

मदासुर के अत्याचारों से चिन्तित देवता सनत्कुमार के पास गए और असुरों के विनाश की युक्ति पूछने लगे। सनत्कुमार ने कहा, 'हे देवों आप विधिपूर्वक भगवान् एकदन्त की आराधना करें। वे आपकी प्रार्थना से प्रसन्न होंगे और आपकी मनोकामना पूर्ण करेंगे।' सनत्कुमार ने एकाक्षरी मंत्र और एकदन्त का रूप वर्णित किया।

उन्होंने कहा, 'गणेश के ही एकदन्त और चार भुजाएं हैं। उनका मुख हाथी के समान है, अतः वे लम्बोदर हैं। उनके साथ उनकी सहचरी सिद्धि और बुद्धि भी रहती हैं। उनका बैठने का स्थान मूषक है। उनकी नाभि में शेषनाग रहता है। उनके हाथों गे पाश, परशु, कमल और अभय मुद्रा है। वे भक्तों पर सदा कृपालु और अभक्तों के विनाशी हैं। इसके बाद संत महर्षि सनत्कुमार ने एकदन्त शब्द की व्याख्या भी की। 'एक' शब्द माया का सूचक है। वह माया देह स्वरूपा एवं विलासवती है। 'दन्त' शब्द परमात्मा का वाचक है। वे गणेश माया के धारक हैं और स्वयं सत्तामात्र (परमात्मा) से स्थिति में हैं इसलिए उन्हें 'एकदन्त' कहते हैं।

महर्षि के उपदेश के अनुसार देवता भगवान् एकदन्त की आराधना करने लगे। उन्हें तपस्या करते 100 वर्ष बीत गए। तभी भगवान् एकदन्त प्रगट हुए। देवता व ऋषि प्रसन्न हुए। उनकी स्तुति से प्रसन्न पार्वती नन्दन गणेश ने कहा, 'देवो, क्या कष्ट है।'

देवताओं ने कहा, 'दैत्यराज मदासुर का नाश और धर्म कर्म की स्थापना हो और आपकी अचल भक्ति हमें प्राप्त हो।' भगवान् एकदन्त वरदान देकर अंतर्धान हो गए।

नारदजी तुरन्त मदासुर के पास आए और कहा कि देवताओं, ब्राह्मणों तथा ऋषियों ने अपने तप से भगवान् एकदन्त को प्रसन्न कर लिया है और अब वे तुम्हारे प्राण हरण करेंगे। कुपित राक्षस सेना लेकर देवगण से युद्ध करने के लिए चल दिया। रास्ते में ही अत्यन्त भयभीत कर देने वाले मूषक पर विराजमान महाकाय नर-कुंजर सामने प्रकट हुए। जिनके चार हाथों में भयानक परशु, पाश आदि अस्त्र-शस्त्र थे।

दैत्य, एकदन्त को देखकर डर गए। मदासुर ने दूत भेज कर पूछा कि वह भयानक नर-नाग कौन है? दूत ने एकदन्त के समीप जाकर चरण स्पर्श कर विनीत भाव से कहा मैं तीनों लोकों के राजा मदासुर का दूत हूं। मेरे स्वामी आपकी विचित्र मूर्ति व रूप देखकर आश्चर्यचकित हो गए हैं। कृपया आप बताएं-आप कौन हैं? आपका यहां आने का कारण क्या है?

भगवान् एकदन्त ने हंसते हुए कहा कि मैं स्वानन्दवासी हूं और यहां तुम्हारे स्वामी मदासुर का वध करने आया हूं। यदि वह अपना जीवन चाहता है तो मेरी शरण में आए और देवताओं से बैर छोड़ दे।

दूत ने जाकर यही संदेश अपने स्वामी मदासुर को दिया। तभी उसे नारद की बात याद आ गई। फिर भी क्रूर और मदान्ध दैत्य उनसे युद्ध करने को तत्पर हो गया। एकदन्त के दिव्य अस्त्रों को देखकर भी वह नहीं घबराया और जैसे ही धुनष पर बाण चढ़ाया कि उनका परशु उसके हाथ पर आ गिरा और दैत्य मूर्च्छित होकर गिर पड़ा। होश आने पर उसने पुन: अपने दिव्य अस्त्रों का प्रयोग करने का प्रयास किया तो उसके अस्त्र एकदन्त के हाथ में चले गए।

मदासुर को अब भगवान् के सर्वसमर्थ परमात्मा रूप होने पर तनिक भी संदेह न रहा। वह तुरन्त उनके चरणों में गिर पड़ा और अपने दोषों की क्षमा याचना करते हुए कहने लगा कि मुझे अपनी शरण में ले लो तथा अपनी दृढ़ भक्ति प्रदान करो। भगवान्

एकदन्त ने कहा-जहां दैवी कर्म व मेरी पूजा हो वहां कभी न जाना। आसुरी भावों के कर्मों का फल तुम भक्षण करते रहना। भगवान् एकदन्त से वरदान प्राप्त कर असुर पाताल लोक को चला गया। तभी से भगवान् एकदन्त की स्तुति देवगणों में सर्वोत्तम हो गई।

महोदर

प्राचीन काल में तारक नाम का एक असुर था। उसने ब्रह्मा की आराधना कर त्रैलोक्य का स्वामित्व प्राप्त किया। अपने शासन काल में तारक ऋषि, मुनि, देवगणों को भी सताने लगा। दुखित देवगण भगवान् आशुतोष अर्थात् तुरन्त फल देने वाले भगवान् शंकर की शरण में आए। पर शिवजी समाधि में लीन थे। अत: वे मां शिवा की शरण में पहुंचे। माता पार्वती ने उनकी सहायता का आश्वासन दिया।

शिवा रूपसी भीलनी का रूप धारण कर सुगन्धित पुष्पों को चुनते हुए प्रलयंकारी भगवान् शंकर के समीप पहुंची। त्रिनयन शिव की समाधि भंग हुई। उन्होंने आकृष्ट करने वाली रूपमती स्त्री को देखा। तो वह अदृश्य हो गई। तब प्रलयंकर ने अपने ध्यान द्वारा पार्वती की लीला को समझा। शिव के द्वारा अत्यन्त उग्र पुरुष मोह उत्पन्न हुआ। क्रोध में आकर शंकर ने कामदेव को भस्म कर दिया।

काम की पत्नी ने महोदर की आराधना की। महोदर ने प्रसन्न होकर कहा शिव के अभिशाप को मैं अन्यथा नहीं कर सकता। पर मैं तुम्हारे पति को रहने के लिए अन्य देह प्रदान कर रहा हूं। भगवान् महोदर ने कामदेव की पत्नी से कहा कि मैं काम को यौवन नारी और पुष्प जैसे सुन्दर वास का स्थान देता हूं। गान, मकरंद, पुष्प, पक्षी, उद्यान, वसंत और चन्द्रादि तुम्हारे सुन्दर आवास हैं।

नर-नारी के अंगों का प्रदर्शन, विषय-वासना युक्त क्रीड़ा, नये वस्त्र अभूषण आदि कामदेव के निवास स्थान होंगे। मोहक गंधयुक्त पवन और वातावरण में कामदेव तुम्हीं रहोगे। कामारि अर्थात् काम के शत्रु शिव और अन्य देवताओं को भी तुम अपने वश

में कर सकोगे। द्वापर में भगवान् कृष्ण के एक पुत्र होगा जिसका नाम प्रद्युम्न होगा। कामदेव वह तुम्हीं होगे और फिर गणेशजी ने कहा तुम्हारे मनोंभूः, स्मृति भूः आदि प्रसिद्ध नाम होंगे।

शिव पुत्र कार्तिकेय ने भगवान् महोदर की आराधना की थी। गणेशजी ने सद्यः फलदाता का वरदान दिया। फिर तारकासुर को मारकर कार्तिकेय ने देवताओं को प्रसन्न किया।

असुरों के गुरु शुक्राचार्य ने शंकर से उत्पन्न हुए मोहासुर को अपना शिष्य बनाया। मोहासुर ने अपनी आराधना से सूर्यदेव को प्रसन्न किया। उसकी कठोर तपस्या से प्रसन्न हो भगवान् आदित्य ने असुरराज को रोगहीन और सर्वत्र विजयी होने का वरदान दे दिया। खुशी में असुर शुक्राचार्य के पास पहुंचा तो गुरु ने उसे दैत्यों का राजा बना दिया। दैत्यों का सम्राट बन मोहासुर ने त्रैलोक्य पर विजय पा ली। असुर के भय से देवता व मुनि वनों में जा छिपे। मोहासुर रूपवती पत्नी मदिरा के साथ सुख से जीवन बिताने लगा। पर दुःखी देवता भगवान् भास्कर के पास गए। जिन्होंने देवताओं को एकाक्षर मंत्र जाप और भगवान् गणपति की स्तुति करने को कहा। उनकी स्तुति से प्रसन्न हो मूषक वाहन भगवान् महोदर (गणेश) प्रकट हुए और वरदान दिया कि वे असुरों का नाश करेंगे।

महोदर मोहासुर से युद्ध करने चल दिए। तभी नारदजी ने असुर को गणेश के महान् रूप का वर्णन सुनाया और कहा कि तू उनके पराक्रम व सत्य रूप को समझ तथा सर्वेश्वर भगवान् गणपति की शरण में जा। शुक्राचार्य ने भी भगवान् महोदर की शरण में जाने को कहा। लक्ष्मीपति विष्णु भी महोदर के पास आए और कहा कि देव, ऋषि व मुनियों और अब सभी को सुखपूर्वक जीवन बिताने दो तथा भगवान् गणपति की शरण में जाओ। तभी परम प्रभु तुम्हारे अपराध क्षमा कर देंगे।

मोहासुर को सबकी बातों से ज्ञान हुआ। उसने कहा कि मैं अखण्ड ज्ञाननन्द महोदर भगवान् की शरण ग्रहण करता हूं। विनीत भाव से मोहासुर ने कहा-उन परम प्रभु को सादर मेरे नगर में लाकर मुझे कृतार्थ करें। मुझे उनके अभिनन्दन व सेवा का सुअवसर प्रदान करें।

भगवान् महोदर ने नगर में प्रवेश किया। मोहासुर ने उनकी भक्ति व स्तुति की। भगवान् महोदर प्रसन्न हुए। मोहासुर के बदले हुए स्वभाव व व्यवहार से देवता, ऋषि, ब्राह्मण तथा धर्म-परायण स्त्री-पुरुष सभी सुखी और प्रसन्नचित्त हुए।

गजानन

शिव अपनी शिवा के साथ कैलाश पर्वत पर निवास कर रहे थे। राजा कुबेर उनके दर्शनार्थ कैलाश पर्वत पर गए। वहां जाकर धन कुबेर ने भगवान् शंकर और गौरा के दर्शन किए। पार्वती के अनुपम सौन्दर्य को कुबेर मुग्ध हो देखते ही रह गए। पर भगवती को वह अच्छा न लगा और वह क्रोधित हो गई। जगत्-जननी (जगजननी) की कोप-दृष्टि से कुबेर से लोभासुर नाम का दैत्य उत्पन्न हुआ। जो अत्यन्त पराक्रमी और प्रतापी दैत्य था। लोभासुर ने भी दैत्य गुरु शुक्राचार्य से शिक्षा ली।

शुक्राचार्य ने लोभासुर को पंचाक्षरी मंत्र (नमः शिवाय) का उपदेश दिया। गुरु के आदेश पर लोभासुर जंगल में जाकर एकचित्त हो पार्वती वल्लभ अर्थात् भगवान् शिव की तपस्या में लग गया। अनेक वर्षों तक एक ही मंत्र के जाप से त्रिनेत्रधारी शिव प्रसन्न हुए और लोभासुर से वर मांगने को कहा। दैत्य देवताओं में श्रेष्ठ देव शिव के चरणों में गिर उनकी स्तुति करने लगा। अत्यधिक प्रसन्नचित्त चन्द्रमौलि अर्थात् मस्तक पर चन्द्र को धारण करने वाला शिव ने उसे सभी से निर्भय होने का वरदान दे दिया।

निर्भय लोभासुर ने समस्त दैत्यों की सेना बनाकर पृथ्वी पर एकछत्र राज्य स्थापित कर लिया। उसके बाद उसने स्वर्ग पर आक्रमण कर दिया। सुर और असुरों में घमासान युद्ध हुआ और देवताओं को पराजय मिली। पराजित इन्द्र (सुरेन्द्र) विष्णु के पास गए और अपनी दुःखद कथा सुनाई।

भगवान् विष्णु भी सुरेन्द्र की कथा सुनकर क्रोधित हुए और गुस्से में लोभासुर में पहुंच गए। पर वे भी पराजित हुए। विजय के मद में डूबे असुर ने अपने दूत को कैलाशपति भगवान् प्रलयंकर के पास भेजा। दूत ने जाकर भगवान् शिव से कहा-

आप कैलाश पर्वत मेरे स्वामी लोभासुर के अधीन कर दें अन्यथा मेरे साथ युद्ध करें। शिव को ज्ञात तो था ही कि मेरे ही निर्भय वर के कारण असुर इतना दंभी और अत्याचारी हो रहा है अतः वे भी कैलाश पर्वत छोड़कर चले गए।

प्रलयंकर के कैलाश छोड़ जाने से असुर लोभासुर अत्यन्त हर्षित हुआ। सभी सीमाओं में उसका राज्य स्थापित हो गया। उसके राज्य में धर्म-कर्म आदि सबका नाश हो गया। पाप-कर्म और अत्याचार का तांडव नृत्य होने लगा। ब्राह्मण, ऋषि-मुनि और समस्त निवासी यातना सहने लगे। तभी देवताओं और ब्राह्मणों को ऋषि रैम्य ने गणेश की आराधना करने का परामर्श दिया। देवगण गणेश की आराधना व स्तुति में लग गए। भगवान् गजमुख (गजानन) प्रसन्न होकर प्रगट हुए और देवताओं से कहा, 'आप निश्चित हो जाएं, मैं लोभासुर का गर्व चूर-चूर कर दूंगा।' गजानन कामारि (काम के शत्रु शिव) के पास गए और सारा वृत्तांत सुनाया। शिवजी गणपति से सहमत हो लोभासुर के पास गए और उससे कहा, 'तुम गजानन की शरण में होकर शांतिपूर्वक जीवन व्यतीत करो या फिर मुझसे युद्ध करने को तैयार हो जाओ।'

इसके साथ ही भगवान् त्रिलोकी ने गजमुख का माहात्म्य लोभासुर को सुनाया। गुरु शुक्राचार्य ने भी असुर को गजमुख की शरण में जाने को कहा। लोभासुर ने गजानन के मूल महत्त्व को समझ लिया और उनके चरणों की वन्दना करने लगा। गजानन ने लोभासुर को सांत्वना दी। भक्त वत्सल गजमुख उससे प्रसन्न हुए। देवता, ब्राह्मण सभी सुखी हुए। देवगण गजानन का यशोगान करने लगे।

लम्बोदर

एक बार कामारि भगवान् विष्णु के मोहिनी रूप को देखकर मुग्ध हो उठे। भगवान् विष्णु ने परिहास में एक पुष्प का रूप धारण कर लिया। प्रलयंकारी शिव इससे खिन्न हो गए और उनका रेतस स्खलित हो भूमि पर गिर पड़ा। जिससे एक महाबलशाली दैत्य उत्पन्न हुआ। जो असुर आचार्य शुक्राचार्य के पास जाकर उनका शिष्य बना। शिव के क्रोध से वह उत्पन्न हुआ था अतः गुरु ने उसका नाम क्रोधासुर रखा।

क्रोधासुर की शिक्षा पूर्ण होने उसका विवाह शम्बससुर की रूपवती कन्या से हुआ। गुरु की कृपा से क्रोधासुर अत्यन्त प्रसन्न हुआ और कहा मुझे ऐसे मंत्र की दीक्षा दें जिससे मैं सर्वत्र यशस्वी बनूं। असुरों के हितैषी शुक्राचार्य ने उसे सौर मंत्र की दीक्षा दी। 'ओ३म् घृणि आदित्त' मंत्र का वह जाप करने लगा। एक पांव पर खड़ा वर्षा-शीत-ताप का दुःख सहता हुआ कठोर तप करने लगा।

भुवन भास्कर भगवान् आदित्य प्रकट हुए और उसे वर मांगने को कहा। भगवान् भास्कर असुर की भक्ति से अत्यधिक प्रसन्न थे। तिमिरारि अर्थात् तिमिर को नष्ट करने वाले सूर्य नारायण से असुर बोला, 'सर्वगुण सम्पन्न त्रिगुणात्मक देव (उत्पत्ति स्थिति और संहार) मैं सारे ब्रह्माण्ड का नायक बन जाऊं। मैं अमर बनूं। निरोगी व अद्वितीय पुरुष सिद्ध होऊं।' क्रोधासुर के भयभीत और विस्मित करने वाले वरदानों को सुनकर सूर्यनारायण ने कहा, 'तुम्हारा अभीष्ट पूरा होगा।'

क्रोधासुर प्रसन्नचित अपने नगर आया। गुरु को प्रणाम किया और अपने महल में पहुंचा। जहां उसकी पत्नी ने दो पुत्रों को जन्म दिया था। जिनके नाम हर्ष और शोक रखे गए। गुरु शुक्राचार्य ने क्रोधासुर को दैत्यराज के पद पर आसीन किया। वह समस्त सुखों को भोगता हुआ अपनी विलासपुरी में रहने लगा। एक बार उसने अपने दरबारियों से समस्त ब्रह्माण्ड पर विजय प्राप्त करने की लालसा प्रकट की। समस्त असुर दैत्यराज के विचारों से प्रसन्न हुए और सहज में ही पृथ्वी को अपने अधीन कर लिया।

भूमण्डल की विजय के पश्चात् क्रोधासुर स्वर्ग में देवताओं पर विजय प्राप्त करने गया। उसके डर से सभी देवगण भागकर कहीं छिप गए। क्रोधासुर ने वैकुण्ठ और कैलाश पर्वत पर अपना राज्य स्थापित कर लिया। अन्त में भगवान् भास्कर को भी अपने अधीन करने के लिए उनके पास दूत भेजा। भुवन भास्कर जी डरकर सूर्य लोक छोड़ गए।

अन्त में दुखी देवताओं और ऋषियों ने गणेश अर्थात् लम्बोदर की उपासना की। लम्बोदर ने प्रसन्न होकर देवताओं को दर्शन दिए। गणेश ने कहा आप चिन्ता न करें। मैं क्रोधासुर का घमंड नष्ट करके उसको नष्ट कर दूंगा। आकाशवाणी से यह सन्देश असुर ने भी सुना और मूर्च्छित हो पृथ्वी पर गिर गया।

चेतन होने पर उसकी सेना ने कहा- स्वामी आप चिंतित क्यों होते हैं, समस्त ब्रह्माण्ड हमारे अधीन है। हम प्रत्येक शत्रु का समूल नाश करने में समर्थ हैं। क्रोधासुर अपने वीर सैनिकों की उत्साहजनक वाणी सुनकर प्रेरित हुआ और अपनी अजेय सेना को ले युद्धभूमि में जा पहुंचा। रणक्षेत्र में मूषक पर आरूढ़ गजमुख को देखा। त्रिनेत्रधारी लम्बोदर गजानन की नाभि में शेषनाग लिपटे थे। गणेश के ऐसे विचित्र रूप को देखकर असुर के क्रोध की सीमा न रही। फिर क्या था गणपति के साथ भयंकर संग्राम होने लगा।

लम्बोदर अपने गणों की सेना के साथ असुरों का संहार करने लगे। यह सब देख देवता भी असुरों को मारने के लिए गणेश के पास आ गए। गजमुख की असीम शक्ति और प्रभाव से क्रोधासुर घायल होकर भूमि पर गिरने लगे। वीर सैनिक मृततुल्य हो गए। ऐसी अवस्था देख क्रोधासुर के दुःख और क्षोभ का पारावार न रहा तथा मानसिक उद्वेग से उसने लम्बोदर से कहा, 'हे मूर्ख लम्बोदर! ब्रह्माण्ड विजयी शूरवीर के साथ तू युद्ध करना चाहता है। क्या तेरी मति मारी गई है। यदि तू अपना जीवन चाहता है तो तुरन्त मेरी शरण में आ जा अन्यथा मैं तेरा लम्बा उदर अभी तीर बेध कर रख दूंगा। और पलक झपकते ही तेरा नाश हो जाएगा।'

भगवान गजानन के तुरन्त कहा, 'हे मूर्ख असुर, तू व्यर्थ में अपनी प्रशंसा करके क्यों चिल्ला रहा है। तूने आदित्य भगवान् भास्कर की आराधना करके जो वरदान प्राप्त किए थे सब तेरे पाप कर्मों से समाप्त हो गए हैं। तेरे समस्त पुण्य नष्ट हो चुके हैं। अब मैं तेरे अधर्म कर्मों का नाश कर धरती पर पुण्य व धर्म-कर्म की स्थापना करूंगा। क्रोधासुर तू मेरे स्वरूप और सत्ता को नहीं जानता। मैं आनन्दस्वरूप सब भूतों में वास करने वाला हूं। मैं जन और वाणी से परे हूं। फिर तू मुझे कैसे पराजित कर सकता है।'

असुर इतना सुनने पर भी संतुष्ट न हुआ और तुरन्त बोला, 'यदि तू ब्रह्म-स्वरूप है और मन व वाणी से परे है। तो ब्रह्म न जन्मता है, न मरता है फिर तू अदृश्य रूप में मुझे क्यों दृष्टिगोचर हो रहा है?'

बुद्धि व सिद्धि स्वरूप लम्बोदर ने कहा, 'हे मूर्ख! मेरे वामांग में जो सिद्धि है वह केवल भ्रांति स्वरूपा है। सभी जन सिद्धि प्राप्ति के लिए लालायित रहते हैं और भ्रम में

पड़े रहते हैं और जो मेरा दक्षिणांग है उसमें बुद्धि विराजमान है जो भ्रांति को धारण करती है। बुद्धि स्वंय चित्तस्वरूपा हैं। सिद्धि पंच भ्रांति युक्त है। बुद्धि व सिद्धि दोनों ही लोगों को छलती हैं। मैं (गणेश) सिद्धि और बुद्धि का पति हूं।

'तुम नहीं जानते क्रोधासुर नाना प्रकार का विश्व और ब्रह्म मेरे इस उदर में स्थित है। इसलिए जगत् मुझे लम्बोदर के नाम से जानता है। सारा संसार मेरे इस उदर से ही उत्पन्न होता है और मेरे ही द्वारा उसका पालन-पोषण होता है और मैं ही सबको अन्त में उदरस्थ करके क्रीड़ा करता रहता हूं। हे असुर! मेरे ब्रह्म रूप को समझ।'

'हे असुर! यदि अपने प्राणों की रक्षा चाहते हो तो मेरी शरण में आ जाओ। असुरों के गुरु शुक्राचार्य मुझे पूर्णतः जानते हैं। तुम अभी तक मेरे स्वरूप को नहीं समझ सके। न तो मैं देवताओं का अनिष्ट और वध देख सकता हूं और न ही असुरों का संहार ही मुझे अभीष्ट है। धर्म में लगे लोगों का मैं भला करता हूं इसमें कोई संशय नहीं है। धर्मावलम्बियों का मैं सदैव पालन करता हूं।'

भगवान् लम्बोदर के वचनों को सुनकर क्रोधासुर में विवेक जागृत हुआ और वह गजानन के चरणों में विनीत भाव से गिर पड़ा। प्रभु लम्बोदर अति प्रसन्न हुए। असुर प्रसन्नचित्त गद्गद भाव से उनकी स्तुति करने लगा। भगवान् लम्बोदर की आज्ञा से वह पाताल लोक चला गया। जाते-जाते वह पुनः गणेशजी के चरणों में प्रणाम कर आशीर्वाद ले पाताल लोक चला गया।

विकट

शेषनाग के शैया पर विराजमान भगवान् विष्णु जब अपनी पत्नी लक्ष्मी (वृन्दा) के पास आए तो उनके शुक्र से एक अत्यधिक तेजवान कामासुर उत्पन्न हुआ। कामासुर असुरों के गुरु शुक्राचार्य के पास गया और उनसे पंचाक्षरी मंत्र की दीक्षा प्राप्त की।

जंगल में जाकर भगवान् शंकर को प्रसन्न करने के लिए अन्न, जल, फल आदि को त्याग कर कामासुर मंत्र का जाप और तप करने लगा। अनेक वर्षों के पश्चात् भगवान् शंकर उस पर प्रसन्न हुए और कामारि अर्थात् काम के आदि (शत्रु) प्रकट हुए और कामासुर से वर मांगने को कहा।

कामासुर भगवान् शंकर के दर्शन पाकर अत्यन्त प्रसन्न हुआ और महादेव कर्पूर गौर से याचना की कि-प्रभो मुझे अपनी भक्ति प्रदान करें। मैं सारे ब्रह्माण्ड का राजा बनूं और बलवान, निर्भय और मृत्युंजयी होऊं। स्वर्ग और अपवर्ग के दोनों के दोनों प्रलयंकारी शंकर ने कहा यद्यपि तुम्हें अत्यन्त दुर्लभ वर की याचना की है फिर भी मैं तुम्हारे प्यार से प्रसन्न हूं और तुम्हें मनोनुकूल वर देता हूं।

ऐसा कहकर त्रिशुल-प्राणी अंतर्धान हो गए। प्रसन्न कामासुर अपने गुरु शुक्राचार्य के चरणों में प्रणाम करने आया और अपने वर का वृत्तांत सुनाया। महान् दैत्य गुरु ने कामासुर का विवाह महिषासुर की पुत्री तृष्णा के साथ करा दिया। सभी दैत्यगण विवाह में सम्मिलित होने आए और कामासुर के अधीन हो गए। शुक्राचार्य ने कामासुर को दैत्यराज घोषित कर दिया।

कामासुर ने रतिद नामक सुन्दर नगर को अपनी राजधानी बनाया। उसके राज्य में रावण, शम्बर, महिष, बलि और दुर्मद-पांच शूर प्रधान थे। उनके सहयोग से कामासुर ने भूपतियों पर अपना अधिकार करने की योजना बनाई और अपने तीक्ष्ण बाणों से समस्त भूपतियों को अपने अधीन कर लिया। फिर उसके मन में स्वर्ग पर भी आधिपत्य करने का विचार आया और उसने स्वर्ग पर भी चढ़ाई कर दी। व्रजायुध इन्द्र भी उसका सामना न कर सके और कामासुर त्रैलोक्य का राजा बन गया।

त्रैलोक्य के राजा कामासुर के शासन में चहुं ओर धर्म-कर्म का विनाश, छल-कपट का साम्राज्य फैल गया। न्याय, सत्य और वर्णाश्रम तक लुप्त हो गए। देवता, ऋषि-मुनि और धार्मिक जन पर अत्याचार होने लगे। स्वाहा, स्वधा और षटकार आदि लुप्त हो गए। ऐसी विपत्ति में देवता परेशान हो महर्षि मुद्गल के पास पहुंचे।

देवताओं में श्रेष्ठ भगवान् शिव ने महर्षि मुद्गल से पूछा, 'ऋषिवर हमें कामासुर के त्राण और अत्याचार से बचने का उपाय बताएं।' मुनिवर ने कहा, 'आप मयूरेश क्षेत्र में जाकर तप करें। वहां गणेश आपसे प्रसन्न होकर प्रकट होंगे और आपके कष्टों का निवारण करेंगे।'

शिव सहित देव समुदाय मयूरेश क्षेत्र में गणेश की पूजा और एकाक्षरी मंत्र का जाप करने लगे। अश्रुपूरित नेत्रों से स्तुति करते रहे। भक्त-प्रेमी गणेश ने प्रकट होकर कहा, 'देवताओं मैं आपसे प्रसन्न हूं। आपको क्या कष्ट है? आप इच्छानुकूल वर मांग सकते हैं।'

देवताओं ने कहा, 'हे प्रभो। कामासुर के कारण सभी देवता व ऋषिगण चिंतित हैं।' गणेश ने कहा, 'मैं कामासुर का वध करके देवता और मुनियों को निरापद कर दूंगा। आप तनिक भी भयभीत न हों और अब स्वयं को सुरक्षित समझें।'

आकाश मार्ग से यह घोषणा कामासुर ने भी सुनी और अपने अनुचर दैत्यों के साथ विचार विमर्श कर देवता व मुनियों पर आक्रमण कर दिया। भयभीत देव और ऋषि मयूरेश को पुकारने लगे। तभी विशाल रूप में मयूरेश-गजानन प्रकट हुए और कामासुर को नष्ट करने की घोषणा की। कामासुर अपने शक्तिशाली सैनिकों के साथ गजानन के सम्मुख पहुंचा और दोनों में घमासान युद्ध होने लगा। दैत्य डर से भागने लगे। इस भीषण युद्ध में कामासुर के दो प्रिय पुत्र शोषण और दुभुर मारे गए और कामासुर अत्यधिक क्रोधित हो गया। गणेश से बोला, 'हे मूर्ख त्रिलोक्य का मैं राजा हूं। यदि तू अपनी प्राण रक्षा चाहता है तो यहां से भाग जा।'

पर हंसते हुए मयूर वाहन विकट ने उत्तर दिया, 'अरे असुर, शिव के वर का तूने बड़ा दुरुपयोग किया है। तू अधर्मी है। मैं संसार में स्थित संहारकर्ता व जन्म-मृत्यु रहित हूं।'

'तू मुझे कैसे मार सकता है। अपने गुरु शुक्राचार्य के उपदेश का स्मरण कर। मेरे ब्रह्म स्वरूप को समझ और मेरी शरण में आ जा। अन्यथा मैं तेरा गर्व चूर-चूर कर निश्चय ही मार डालूंगा।'

मयूर वाहन के शब्दों को सुन कामासुर अत्यधिक क्रोधित हुआ और अपनी गदा गणेश के ऊपर फेंक दी परन्तु वह प्रभु को स्पर्श न कर पृथ्वी पर गिर पड़ी। यह देखकर दैत्यराज कामासुर मूर्च्छित होकर पृथ्वी पर गिर पड़ा। जब चेतन हुआ तो अपने को दुर्बल व अशक्त पाया। वह सोचने लगा जिस देव ने बिना शस्त्र के मेरी ऐसी दशा कर दी वह तो युद्ध में मुझे निश्चित ही हरा देगा और मुझे मार डालेगा।

विचारों में डूबा दैत्य समझ गया कि मयूर वाहन की अद्भुत शक्ति है। उसने मयूर वाहन विकट से कई प्रश्न पूछे और समाधान पाया। पूर्णतः स्वस्थ चित्त होने पर वह भगवान् गणेश की शरण में आ गया। मूषक ध्वज ने उसे अपनी भक्ति प्रदान की। कामासुर शांत जीवन बिताने लगा। और देवता व मुनि प्रसन्न हुए। पुनः सर्वत्र धर्म की स्थापना हुई।

विघ्नराज

शिव और शिवा के विवाह के पश्चात् एक दिन पार्वती अपनी सखियों के साथ बैठी वार्तालाप कर रही थीं। बात करते-करते वह हंस पड़ी और उनके उस परिहास से एक मनोरम विशाल महान् पुरुष उत्पन्न हो गया। उसे देखकर हिमगिरिनन्दिनी चकित हो गईं शिवप्रिया ने पूछा, 'हे पुरुषोत्तम तुम कौन हो, कहां से आए हो और कहां जाओगे?

उस पर्वताकार पुरुष ने शिवप्रिया से कहा, 'हे माता मैं आपके हास्य से अभी-अभी उत्पन्न हुआ हूं। इस प्रकार मैं आपका पुत्र हुआ। अब आप मुझे आज्ञा दें कि मैं आपकी क्या सेवा करूं।' पार्वती ने कहा मैं शिवजी से मान किए बैठी हूं और ऐसी स्थिति में तुमने जन्म लिया है। अतः मान परायण तुम्हारा नाम मम (ममता) होगा।'

मां गौरा ने कहा, 'पुत्र तुम गणेश का स्मरण करो। तथा उसे षडाक्षर मंत्र की दीक्षा दी। वह माता के चरण स्पर्श कर वन में तपस्या करने चला गया। वन में ममता की भेंट शम्बरासुर से हुई। पार्वती के पुत्र मम ने उनसे कहा, ''आप कौन हैं और यहां किस हेतु पधारे हैं।' शम्बरासुर ने कहा, 'शिवापुत्र मैं तुम्हें विद्यादान देने आया हूं। शम्बर ने मम को सारी आसुरी शक्तियां व विद्याएं सिखा दीं। उन शक्तियों व विद्या को सीखकर मम

बहुत प्रसन्न हुआ। ममता ने शम्बारासुर से कहा, 'हे गुरुवर आप मुझे आज्ञा दें-मैं आपके लिए क्या करूं।' शम्बर ने कहा, 'मम, अब तुम भगवान् विघ्नराज (गणेश) की उपासना करो। उनसे अपूर्व शक्तिशाली बनने, समस्त ब्रह्माण्ड का राज्य और अमरता का वर मांगो। तत्पश्चात् मेरी शरण में आओ।'

मम को समझाकर शम्बरासुर प्रसन्नतपूर्वक अपने घर चला गया। 'मम' उसी स्थान पर रहकर गजानन की स्तुति और तपस्या करने लगा। मम को तप करते-करते सहस्रों वर्ष बीत गए। प्रसन्न होकर भगवान् गणनाथ प्रकट हुए। उन्होंने आशीर्वाद देते हुए कहा भक्त मैं तुम्हारे तप से प्रसन्न हूं। तुम इच्छानुसार वर मांग सकते हो।

मम ने गजानन की वाणी सुनकर अपने नेत्र खोलें और गणपति के दर्शन करके आनन्द से विभोर हो गया। फिर उनके चरण स्पर्श कर उनकी पूजा-अर्चना की। भगवान् विघ्नराज ने कहा, 'मम मैं तुझ पर अत्यधिक प्रसन्न हूं।' ममता ने कहा, 'वरदाता प्रभो यदि आप मुझ पर प्रसन्न हैं तो मुझे ब्रह्माण्ड का राज्य, रण के विघ्न-बाधाओं की समाप्ति, अमरण रूप और शिवादि देवताओं के लिए भी अजेय रहूं-ऐसा वर दें। आप मुझे अमोघ शस्त्र प्रदान करें।'

भगवान् विघ्नराज बोले, 'हे दैत्येन्द्र नायक (दैत्यों के भी इन्द्र)। तुमने दुस्साध्य वर की याचना की है, पर मैं अब इन्हें देने पर विवश हूं इसीलिए तुम्हारी इच्छा पूर्ति का वरदान देता हूं।' यह कहकर भगवान् विघ्नराज अंतर्धान हो गए। फिर मम प्रसन्नमुद्रा में शम्बासुर के घर पहुंचा और चरणों में वन्दना की। शम्बासुर अति प्रसन्न हुआ। ममता ने गजानन से प्राप्त वरों की शुभ सूचना उसे दी। शम्बासुर ने अपनी पुत्री मोहिनी का विवाह ममतासुर के साथ कर दिया।

एक दिन शम्बासुर गुरु शुक्राचार्य के पास पहुंचा और मम को प्राप्त वरदानों की कथा सुनाई। असुरों के गुरु शुक्राचार्य अति प्रसन्न हुए। और शम्बासुर के साथ समस्त असुर समुदाय को मम के यश की कथा कहते हुए ममतासुर के भवन में पहुंचे। ममता ने गुरुजनों के चरणों में प्रणाम कर भक्तिपूर्वक पूजा की। गुरु शुक्राचार्य ने उसे दैत्याधीश घोषित कर दिया।

मम ने अपने यहां पधारे सारे दानव व दैत्यों को भली-भांति संतुष्ट किया। शुक्राचार्य ने महाबलवान, प्रेतकाल, कलाप, कालजित और धर्महा नाम के पांच प्रधान भी मयासुर के नियुक्त कर दिए। मयासुर की सेवा से समस्त असुर खुश हो अपनी-अपनी नगरी को चले गए। ममता भी अपनी निर्ममपुरी में सुखपूर्वक निवास करने लगा। कुछ समय बाद उसकी पत्नी ने दो पुत्रों को जन्म दिया। जिनका नाम धर्म और अधर्म था।

सुखपूर्वक जीवन व्यतीत करते हुए ममतासुर को बहुत समय बीत गया तो एक दिन ममासुर गुरु शुक्राचार्य के पास गया और ब्रह्माण्ड विजय करने की इच्छा प्रकट की। दैत्य गुरु ने कहा अपनी इच्छा पूर्ण करो पर विघ्नराज का विरोध न करना। इस बात को सदैव याद रखना कि विघ्नराज की कृपा से ही तुम्हें वरदान प्राप्त हुए हैं। ममतासुर ने अपने वीर सैनिकों, पुत्रों और योद्धाओं को लेकर युद्ध किया और पृथ्वी व पाताल पर विजय प्राप्त कर ली।

इस विजय के बाद ममतासुर ने स्वर्ग पर आक्रमण कर दिया। इतना भयंकर युद्ध हुआ कि रक्त की नदियां बह गईं। यहां तक कि असुर के सम्मुख देवगण भी न ठहर सके। स्वर्ग ममतासुर के अधीन हो गया। शिव और विष्णु व समस्त देवताओं को बन्दी बना लिया। स्वर्ग में भी ममतासुर का अनैतिक और अनाचार का निरंकुश शासन स्थापित हो गया।

कारागार में बंद देवता ममतासुर के अत्याचार से बचने के उपाय सोचने लगे। देवताओं ने निर्णय लिया कि भगवान् विघ्नराज अर्थात् गणेश के एकाक्षरी मंत्र के जाप से ही हमारी सुरक्षा हो सकती है। अत: स्नान आदि से निवृत्त हो वे मानसिक रूप से भगवान् विघ्नराज की स्तुति करने लगे। भाद्रपद की चतुर्थी को शेषवाहन विघ्नराज प्रकट हुए। देवताओं ने कहा, 'हे प्रभो, धर्म का नाश करने वाले ममतासुर की कारागार में हम अत्यन्त कष्ट पा रहे हैं। सर्वत्र पाप-संताप और अनाचार बढ़ रहा है। हम सब उसके कर्मों से पीड़ित हैं, अब आप ही हमारी उससे रक्षा कर सकते हैं।'

भगवान् गणनाथ ने देवताओं को सन्तुष्ट करते हुए कहा, 'हे देवगण, तुम अपने अभीष्ट वर को प्राप्त करो।' और ऐसा कहकर विघ्नराज अंतर्धान हो गए। ममतासुर ने जब सुना कि भगवान् गणनाथ देवताओं को अभीष्ट वरदान देकर गए हैं तो वह अत्यधिक क्रुद्ध हुआ। ममतासुर चिन्तायुक्त बैठा था कि महर्षि नारद उसके सम्मुख पहुंचे। ममतासुर ने अनेक उपचारों से उनकी पूजा और स्वागत किया। नारदजी बोले, 'मुझे रोषवाहन विघ्नराज ने यहां भेजा है, भगवान् गणनाथ अधर्म के शत्रु हैं। वे सर्वात्मा, सर्वसमर्थ, सर्वपालक और सर्वव्यापी हैं। उन्हीं के कारण तुम शक्तिमान बने हो और सब तुम्हारे पापकर्मों से सारे देवता कारागार में यातना भोग रहे हैं। धर्म का नाश हो रहा है। जब विलेश्वर की आज्ञा है कि तुम तुरन्त अधर्म व अनाचार को समाप्त कर मेरी शरण में आ जाओ। नहीं तो मैं तुम्हारा सर्वनाश कर दूंगा।

दैत्यों के गुरु शुक्राचार्य ने भी ममतासुर को यही परामर्श दिया कि तुम्हें ऋषिवर नारद की बात मान लेनी चाहिए। पर ममतासुर ने दर्प के कारण अपने गुरु की भी बात न मानी और विम्भेश्वर अर्थात् गणपति से युद्ध करने को तत्पर हो गया। देवराज विघ्नराज ने कहा कि ममतासुर मैं तेरा घमंड चूर-चूर कर दूंगा।

ममतासुर अपने पुत्रों और पराक्रमी सेना को ले युद्ध मैदान में पहुंचा। मद में अंधे असुर की दुष्टता को देखकर विघ्नराज अत्यधिक क्रोधित हुए और उन्होंने अपना कमल असुर सेना के बीच छोड़ दिया। जिससे सभी असुर मूर्च्छित होकर गिरे पड़े। जब ममासुर चेतन हुआ तो उसने अपने समीप कमल और विघ्नराज को पाया। विघ्नराज के दर्शन करते ही ममासुर उनके चरणों में गिरकर क्षमा मांगने लगा।

करुणामय, दयावान भगवान् गजानन उसकी भक्ति से प्रसन्न हुए। उन्होंने कहा, 'तुम अपने निवास में रहकर मेरी आराधना करो। धर्म का पालन और श्रेष्ठ कर्मों का फल भोगो। जो मेरे भक्त न हों उन्हें प्रेम, ममता और स्नेह भाव से दास बनाकर मेरी भक्ति में लगाओ।'

ममता अर्थात् ममतासुर ने विघ्नराज की आज्ञा को मान उन्हें प्रणाम किया और समस्त देवगण व गणराज का गुणगान करता हुआ अपने नगर को चला गया।

धूम्रवर्ण

एक बार ब्रह्माजी ने तिमिरारि को कर्मराज्य का अधिपति बना दिया। राज्य नायक का पद पाकर सूर्यदेव के अन्तर में अहंकार पनपने लगा। भगवान् भास्कर सोचने लगे कर्म के प्रभाव से ब्रह्माजी सृष्टि की रचना करते हैं और लोक पितामह कहलाते हैं। कर्म से विष्णु जगत् का पालन, शिव संहार और अम्बा पालन-पोषण करती हैं। अतः सब कर्म के अधीन हैं और मैं उसी कर्म का संचालक हूं, अतः सबको मेरे अधीन होना चाहिए। ध्यानमग्न तिमिरारि को छींक आ गई। उनकी छींक से एक महाबलशाली असुर उत्पन्न हुआ। वह पुरुष असुर गुरु शुक्राचार्य के पास जाकर बोला, 'प्रभो मेरा संस्कार करो।' शुक्राचार्य ने ध्यान लगाकर उसका नाम अहम् रख दिया। अहम् को उन्होंने गणेश के सोलह अक्षरों के मंत्र की दीक्षा दी। दीक्षा ले गुरु की आज्ञा से अहम् वन में चला गया और भगवान् गणराज की आराधना करने लगा।

अहम् ने निराहार रहकर अरण्य में भगवान् धूम्रवर्ण का दीर्घकाल तक मंत्र जाप किया। एक दिन धूम्रवर्ण उसकी भक्ति से प्रसन्न हो प्रकट हुए और अहम् से वर मांगने को कहा। अहम् ने प्रभु के चरणों में प्रणाम कर ब्रह्मांड का राज्य मांगा। भगवान् धूम्रवर्ण तथास्तु कहकर अंतर्धान हो गए।

मूषक वाहन प्रभु से मनोनुकूल वरदान पाकर अहम् अपने गुरु के पास आया और सारा वृत्तांत गुरु शुक्राचार्य को जा सुनाया। असुर गुरु अत्यन्त प्रसन हुए। शुक्राचार्य ने असुर समुदाय को बुलाकर उसके यश और कीर्ति व वरदान का वर्णन किया तथा सभी असुरों ने प्रतापी अहम् की अधीनता स्वीकार कर ली।

अहंतासुर के लिए एक सुन्दर नगर बनाया गया जिसका नाम विषयप्रिय रखा गया। असुर राजा प्रमादासुर ने अहम् की योग्यताओं से खुश होकर अपनी रूपवती कन्या ममता से अहम् का पाणिग्रहण संस्कार कर दिया। कुछ वर्ष बाद उसके यहां सर्व और श्रेष्ठ नामक दो पुत्रों का जन्म हुआ। एक दिन राजा प्रमादसुर ने अहम् को परामर्श दिया कि तुमने तो धूम्रवर्ण से ब्रह्मांड विजय का वर प्राप्त कर रखा है अतः त्रैलोक्य पर विजय प्राप्त कर सुख उठाओ।

अपने श्वसुर की बात सुनकर वह अपने गुरु शुक्राचार्य का आशीर्वाद लेने पहुंचा और आशीर्वाद प्राप्त कर ब्रह्मांड विजय को निकल पड़ा। सर्वत्र अहंकारी-अहंतासुर का साम्राज्य हो गया। देवता, ऋषि और धर्मात्मा वनों व कन्दराओं में जा छिपे। मदिरा व मांस का प्रेमी अहम् नागाओं, देवताओं और मनुष्यों की कन्या का हरण करके उनका शील भी भंग करने लगा। ऐसे दुष्कर्मों में वह अपने आराध्य देवता को भूल गया।

अहम् के राज्य में एक दिन अधर्म धारक नामक असुर आया। वह बोला, 'राजन! आपने ब्रह्माण्ड को जीता है, पर अभी अमरगण गुफाओं और वनों में छिप कर यज्ञादि कर्म कर हमारे नाश का उपचार कर रहे हैं, क्यों न उनके श्रेष्ठ कर्म नष्ट करके उनसे भी मुक्त हो जाएं।' धारक के इस परामर्श पर अहम् ने उसे धन्यवाद दिया।

अधर्म धारक की बातें सुनकर असुर राज प्रसन्न हुआ और उसने आज्ञा दी कि कोई मन्दिरों में यज्ञादि न करे और न ही मन्दिरों में प्रतिमा स्थापित की जाए। देवताओं ने सुना तो अत्यन्त दुखी हुए। आपस में विचार-विमर्श करने पर यह निश्चय किया कि भगवान् धूम्रवर्ण की शरण में जाया जाए। भगवान् की कृपा से ही उसे वर और विजय प्राप्त हुए हैं, अतः उनका ही स्मरण व तप किया जाए।

देवताओं की स्तुति और कीर्तन से भगवान् मूषकध्वज प्रसन्न हुए। उन्होंने देवताओं को दर्शन देकर उनकी विपदा सुनी। वे बोले, 'हे देवगण! आप तनिक भी चिन्तित ने हों-मैं उस अहंतासुर के घमंड को चूर कर उसका वध कर दूंगा।'

मूषकध्वज भगवान् ने स्वप्न में दैत्यराज को दर्शन दिया। देवाधिदेव की विकराल मूर्ति को देख अहम् भयभीत व चिन्तित हुआ और स्वप्न को पुत्रों व राज्य में सुनाया। सर्व व श्रेष्ठ ने पिता से कहा कि आप हमारे रहते जरा भी परेशान न हों और देवगण से टक्कर लेने को तैयार हो जाएं।

अहम् की विचारधारा का अनुमान कर और स्वप्न का फल होते न देखकर गजानन ने उसे शिक्षा न देने के लिए देवर्षि नारद को उसके पास भेजा। देवर्षि के लाख समझाने पर भी दैत्यराज को सद्बुद्धि न आई तो अन्त में गजमुख ने अपना

'पाश' उसके पास छोड़ दिया। जहां भी 'पाश' असुरों को देखता उन्हें बांधकर समाप्त कर देता। असंख्य असुर सैनिकों और योद्धाओं के मर जाने पर घबरा कर अहम् गुरु शुक्राचार्य की शरण में पहुंचा। शुक्राचार्य ने अहंतासुर को समझाते हुए कहा कि यह तो गणेश अर्थात् भगवान् धूम्रवर्ण के प्रकोप के कारण हो रहा है। अतः तुम उन्हीं की शरण में जाओ, जिनसे वर प्राप्त किया था।

असुर गुरु शुक्राचार्य के परामर्श से अहम् भगवान् गजमुख लम्बोदर गणेश की शरण में गया। देवताओं ने खुश होकर देवों के देव गणेश की जय-जयकार की। उनकी स्तुति और कीर्तन किया और स्वधर्म पालन के लिए अपने-अपने स्थान पर चले गए। पुनः सर्वत्र धर्म और सदाचार का राज्य स्थापित हो गया।

महादेव पुण्य कथा खण्ड

एक बार भगवान् सूतजी अपने आसन पर विराजमान थे कि ऋषि उनके पास आए। उन्होंने निवेदन किया कि आपने भगवान् गणेश, पार्वती के पुण्य चरित्र सुनाए। अब कृपा करके हमें युगों का परिचय दीजिए। यह सुनकर सूतजी ने कहना प्रारम्भ किया कि मुनियों-

स्वयम्भुव मनु ने सप्तर्षियों द्वारा सत्य युग में रचे हुए मंत्रों को चार वेदों-ऋग्, यजु, साम तथा अथर्व में संग्रहीत किया। इस युग में वेद धर्म के सेतुरूप माने जाते हैं। इसी युग में ही वेदांग अस्तित्व में आते हैं। त्रेता युग में ही ब्रह्मा जी सभी मनुष्यों को चार वर्गों में विभाजित करते हैं। इसी युग में ही आश्रम व्यवस्था की संस्था का भी उदय होता है। इसी युग में यज्ञों को प्रवर्तन होता है।

धर्म के चार-सत्य, जप, तप और दान-चरण होते हैं। जब धर्म के चारों चरण स्थिर रहते हैं, तब सत्य युग तीन चरणों की स्वस्थता में क्रेता दो चरणों की स्थिरता में द्वापर और केवल एक चरण के सुरक्षित रह जाने पर कलियुग आता है। धर्म की वृद्धि की दशा में ब्रह्मवादी याजिक ब्राह्मण, धनुर्धर, शूरवीर, युद्ध निपुण, क्षत्रिय धन-धान्य सम्पन्न व्यापार-अनुरागी वैश्य तथा सेवापरायण संतुष्ट वृत्ति शूद्र उत्पन्न होते हैं।

सभी मन्वतरों में आने वाले त्रेता युग में क्षत्रिय राजा भगवान् विष्णु के अंश से ही उत्पन्न होते हैं। उनके कर्त्तव्य-कर्म होते हैं- अर्थ, धर्म, काम, यश, विजय, बल और सुख की प्राप्ति। इनमें धर्म का आचरण सबसे प्रमुख है।

त्रेता युग के लोग यज्ञ, दान, सत्य और तप का भी अनुष्ठान करते हैं। इस युग में दण्डनीति केवल मर्यादा-स्थापना के लिए ही प्रयोग में लाई जाती है। इस युग के प्रजाजन हृष्ट-पुष्ट, निरोग, स्वस्थचित्त तथा सहस्र वर्षों की आयु वाले होते हैं।

त्रेता युग में यज्ञों की प्रधानता होती है। इन यज्ञों में देवों आदि की प्रसन्नता के निमित्त अश्वादि चतुष्पाद पशुओं की बलि दी जाती है। यज्ञ में बलि के रूप में की जाने वाली हिंसा हिंसा नहीं होती– **'वेदि की हिंसा न भवति'** –यह शास्त्र वचन है। कोटि-कोटि दृष्य ऋषियों ने यह स्पष्ट उद्घोष किया है कि यज्ञ में होने वाली हिंसा को किसी भी रूप में हिंसा मानना सर्वथा अनुचित है। अत: त्रेतायुग के प्राणी निस्संकोच और निशंक भाव से यज्ञ-परायण रहते हैं।

त्रेता युग के समाप्त होने पर द्वापर युग आता है। इस युग के लोगों को त्रेता युग के लोगों वाली सिद्धि सुलभ नहीं रहती। द्वापर के लोगों में लोभ, व्यापर वृत्ति, तत्त्वों की अनिश्चितता, वर्णों की विध्वंशता, कर्मों की विपरीतता, वध, दण्ड, मान, दप, अक्षमा और दुर्बलता आदि दुर्गुण घर कर जाते हैं। त्रेता युग में तीन चरणों में सुस्थिर धर्म यहां अपना एक चरण और गंवा बैठता है।

इस युग के प्रजाजन प्रत्येक कार्य में दो मान्यताएं, दो विचार और दो धारणाएं रखते हैं तथा किसी एक निश्चयात्मक नहीं पहुंचते। अनिश्चय के कारण धर्म का तत्त्व अविज्ञात रहता है और इसका दुष्परिणाम **'मुण्डे-मुण्डे मतिर्भिन्ना'** अर्थात् सब अपनी मनमानी करते हैं।

इस युग में प्रजाजनों की आयु क्षीण होने लगती है तथा वाणी, मन और कर्म से होने वाले दुःखों के कारण उनको संसार से ही विरक्ति होने लगती है। वैराग्य उत्पन्न होने पर वे दुःखों से मुक्ति के उपाय पर विचार करने लगते हैं और वे धीरे-धीरे सांसारिक पदार्थों में दोष-दर्शन करने लगते हैं। इसके फलस्वरूप उनके हृदय में ज्ञानोत्पत्ति हो जाती है और ज्ञानोत्पत्ति के होते ही जीव का उद्धार एवं कल्याण हो जाता है।

द्वापर युग के लोगों का समय कष्टपूर्वक बीतता है। उनकी पूर्ण आयु दो सहस्र वर्ष होती है तथा लोभ-द्वेषादि के कारण उन्हें नाना प्रकार के दुःख, शोक एवं कष्ट आदि भुगतने पड़ते हैं।

द्वापर की समाप्ति पर कलियुग का आगमन होता है। इस युग में धर्म का केवल एक चरण रह जाता है और रोग, क्षुधा, भय, अनावृष्टि, पारस्परिक कलह और द्वेष आदि का सातत्य रहता है। इस युग के प्राणियों की आयु स्वल्प होती है। यहां तक कि गर्भ में ही मृत्यु हो जाती है। यौवन में मर जाना भी कोई बड़ी बात नहीं रहती। इस युग के प्राणी अल्प बल वाले, पापी, क्रोधी, असत्यभाषी, अधार्मिक, लोभी, हिंसक, ईर्ष्यालु, अक्षमाशील, अधीर तथा अभिमानी होते हैं। इस युग के ब्राह्मण भी वेदाध्ययन नहीं करते हैं। क्षत्रिय युद्धादि नियत धर्म छोड़कर व्यापारी बन जाते हैं। शूद्र ब्राह्मणों के साथ मुकाबला करते हैं और वैश्य निकृष्टाचरण वाले हो जाते हैं। इस युग के मनुष्य धर्माधर्म का विचार छोड़कर स्वार्थ-परायण और दुराचारी तथा भोग विलास को ही जीवन का सर्वस्व मानने वाले होते हैं।

इस युग के लोगों की आयु, रूप और बल में निरन्तर तथा उत्तरोतर ह्रास होता जाता है। यज्ञ कर्म के उच्छिन्न हो जाने से अवृष्टि तथा अतिवृष्टि आदि होने लगती है। जिससे अन्नाभाव होता है और प्रजा भूख, अभाव तथा दुःख से पीड़ित हो जाती है। भूख-अभाव और दरिद्रता के फलस्वरूप भक्ष्याभक्ष्य का विचार नहीं रहता। लोग मृगों, वराहों, वृषभों और वनचारियों, मत्स्यादि जलचरों तथा चेटक, कपोतादि नभचरों को भी मार-मार कर खाने लगते हैं।

कलियुग के लोगों की आयु तो एक सौ वर्ष होती है परन्तु बहुत थोड़े लोग ही अपनी पूर्णायु जी पाते हैं। निरन्तर बढ़ते दुःखों-क्लेशों और बाधाओं से ऊब कर इस युग के लोग विरक्ति की ओर प्रवृत्त तो होते हैं परन्तु स्थिर नहीं रह पाते। विराग-अनुराग का यह चक्र चलता रहता है और लोग दुःख की चक्की में पिसते रहते हैं। इस युग के लोग आडम्बर और प्रदर्शन में भी अधिक विश्वास रखते हैं तथा इनकी भक्ति भी छलावा मात्र रहती है। इसी कारण इस युग में जीवों का उद्धार नहीं हो पाता।

ऋषि बोले- भगवन्! आपने पृथ्वी, सूर्य, चन्द्र आदि के साथ-साथ चतुर्युगों का परिचय देकर हमारे ज्ञान के क्षेत्र को प्रर्याप्त विस्तृत किया है। हम आपके प्रति कृतज्ञ

और नतमस्तक हैं। अब हमारी इच्छा भगवान् शंकर की पुण्य कथा सुनने की है। हम आपसे श्रद्धा और आदर सहित पूछ रहे हैं। आप हमें यह बताने की कृपा करें कि भगवान् शंकर को 'पुरारि' अथवा 'त्रिपुरारि' क्यों कहा जाता है? किस अलौकिक कृत्य के कारण उनकी यह उपाधि प्रसिद्ध हुई?

पहले आपने संक्षेप में मय की चर्चा की अब विस्तार से बताइए! सूतजी बोले- मुनियो! प्राचीकाल में माया का जनक तथा प्रबल पराक्रमी महामायवी मय नाम एक दानव था। एक बार संग्राम में पराजित हो जाने पर उसने कठोर तप का आश्रय लिया। उसके साथी विधुन्माली और तारक नाम वाले दैत्य भी मय के समीप स्थिर होकर तपस्या करने लगे। वे तीनों तप से इस प्रकार प्रदीप्त हो उठे मानो तीन अग्नियां धधक रही हों। वे तीनों ग्रीष्म में अग्नि, सूर्य, शीत सहने, वर्षा में भीगते हुए और शरद काल में जल में स्थित होकर शरीर को दुःख देने और घोर कष्ट सहन करने लगे।

विप्रो! इन तीनों ही तपोरत दानवों ने मांसाहार को त्याग कर मात्र जीवन धारण के लिए प्रारम्भ में फल-मूल और जल को ही अपनाया परन्तु कालान्तर में निराहार रहकर और फिर जल का भी त्याग कर निर्जल ही तप करने लगे। उनके घोर-कठोर तप से जब तीनों लोक सन्तप्त होने लगे तो लोक रक्षा तथा कर्मफल प्रदान की इच्छा से ब्रह्माजी उनके समक्ष प्रकट हुए यह देखकर तीनों ही दैत्यों ने उन्हें प्रणाम किया और तब मयदानव ने कहा- 'प्रभो आप जानते ही हैं कि देवों ने युद्ध में दानवों की पिटाई करके उन्हें पराजित किया है। दानव इस समय देवों से भयभीत होकर इधर-उधर मारे-मारे फिर रहे हैं। यदि आप मेरे तप से प्रसन्न हैं तो मुझे वर दीजिए कि मैं जिस दुर्ग का निर्माण करूं वह देवों द्वारा अलंघ्य हो।' ब्रह्माजी बोले- 'वत्स! तुमने तप द्वारा सिद्धि तो अवश्य प्राप्त कर ली है, अतः मैं तुम्हें वर देने के लिए ही उपस्थित हुआ हूं परन्तु इतना तुम्हें भी ध्यान में रखना चाहिए कि असत् आचरण वाले सदा-सर्वदा के लिए तो अमर नहीं बनाए जा सकते।' ब्रह्माजी के ऐसे युक्ति-युक्त वचन सुनकर मय-दानव बोला, 'अच्छा यह वर दीजिए कि आमने-सामने के युद्ध में मुझे केवल भगवान् शंकर

ही मार सकें अन्यों द्वारा मैं सर्वथा अवध्य बन जाऊं और मेरे द्वारा निर्मित दुर्ग शिवजी के अतिरिक्त अन्य किसी भी जीवधारी द्वारा अलंघ्य हो जाए।' ब्रह्माजी 'तथास्तु' कहकर अदृश्य हो गए।

ब्रह्माजी द्वारा प्रदत्त इस वरदान के फलस्वरूप मय दानव के आधिपत्य में दानवों का वर्चस्व उत्तरोत्तर बढ़ने लगा। कुछ समय बीतने पर मय दानव ने ऐसे विचित्र दुर्ग का निर्माण किया, जिसमें तीन द्वार थे और तीनों द्वारों में नगर बसे हुए थे। इस दुर्ग के अन्दर तीनों नगरों का निर्माण बड़े ही व्यवस्थित ढंग से हुआ था। अट्टालिकाओं, राजमार्गों, रथ्याओं, तड़ागों, वापिकाओं, उद्यानों, सभागरों तथा समुदाय भवनों की समुचित व्यवस्था के कारण तीनों नगर अपने वैभव, सौन्दर्य एवं सुख-सुविधाओं की बहुलता से स्वर्ग को भी पराभूत करते थे।

इन तीनों पुरों में एक पुर का आधिपत्य स्वयं तारकासुर ने, एक का विधुन्माली ने और एक का स्वयं मय दानव ने संभाल लिया। इन तीनों पुरों के बाहर गहरी खाइयां खुदवा दी गईं ताकि शत्रु प्रवेश ही न पा सके। यह दुर्ग अपनी अलंघ्यता के कारण विश्वविश्रुत हो गया और तीन पुरों वाला होने के कारण ही उस दुर्ग का नाम 'त्रिपुर' प्रसिद्ध हुआ। इस-दुर्ग के कारण दानव देवों के लिए अवघ्य एवं अपराजेय बन गए।

मयदानव के आदेश से सभी दानव निश्चिन्त होकर उस दुर्ग में आकर रहने लगे। दुर्ग में दानवों के आ जाने से ऐसा प्रतीत होता था कि जैसे वन में अनेक सिंह अथवा सागर में अनेक मकर घूम रहे हों। उस दुर्ग में उपलब्ध सुविधाओं और सुरक्षा से आकृष्ट होकर पातालवासी दानव भी वहां आकर रहने लगे।

सभी दानव अपने परिवार के साथ उस दुर्ग में सुख और आनन्द का जीवन व्यतीत कर रहे थे कि एक दिन मय दानव ने अपने सभागार में प्रमुख दानवों को निमंत्रित करके रात में देखा अपना स्वप्न उन्हें इस प्रकार से कह सुनाया- भयंकर, क्रोधारक्त मुख वाली चार स्त्रियों और तीन पुरुष इस दुर्ग में ज्यों ही प्रविष्ट हुए त्यों ही उनके शरीर से अनेक स्त्री-पुरुष निकलकर सारे दुर्ग में फैल गए और उन्होंने सारे दुर्ग को

अन्धकारमय बना दिया और घर-परिवार सहित दानवों को समुद्र में डुबो दिया। इस दुर्ग में उल्लू बोलने लगे और गधे विचरण करने लगे। एक स्त्री मुझे मेरे इस दुर्ग की स्थिति को देखने के लिए कहने आई तो मेरी नींद खुल गई। यह स्वप्न सुनाकर मयदानव बोला-बंधुओ! मुझे ऐसा लगता है कि हमें निकट भविष्य में ही दुख शोक देखना है। मेरा आप लोगों से अनुरोध है कि आप सब ईर्ष्या-द्रोह, शत्रुता-मात्सर्य और वैर-विरोध छोड़कर परस्पर मैत्री एवं सद्भाव अपनाएं। अपना आचरण शुद्ध-पवित्र रखें धर्माचरण में सतर्क रहें जिससे भगवान् शंकर हम पर प्रसन्न रहें। मैं आप सब दानवों को विश्वास दिलाता हूं कि जब तक भगवान् शंकर हम पर प्रसन्न हैं, तब तक कोई हमारा किसी भी प्रकार अनिष्ट नहीं कर सकता।

सूतजी बोले- विप्रो! देव का विधान वैचित्र्य देखिए, मयदानव द्वारा प्रबोधित किए जाने पर भी दानवों ने उस ओर कोई ध्यान नहीं दिया। वे सत्य, धर्म एवं न्यायपरक कार्यों को छोड़कर दुराचरण, परस्परिक कलह, विवाद एवं विद्वेष में प्रवृत्त हो गए। पारस्परिक वैर-विरोध के कारण वे एक-दूसरे से कन्नी काटने और दूर-दूर रहने लगे तथा देवस्थानों, पवित्राश्रमों एवं तपोवनों का विनाश और ब्राह्मणों, ऋषियों व तपस्वियों का उपहास करने लगे।

विप्रो। वास्तव में मनुष्य तमोगुण प्रधान हो जाने से इस प्रकार ही राक्षस, असुर, दैत्य तथा दानव तक बन जाता है। तमोगुण की अधिकता ही आसुरी भावों की जागृति का अर्थात् दैत्यत्व का हेतु है। यही आसुरी भाव दानवों में जागृत हो गया था और वे अपने पूज्य गुरुओं एवं ब्राह्मणों का अपमान, अकारण अट्टहास, अश्रुपात, अभक्ष्य भक्षण, मन्दिरों का आच्छेद तथा साधु-महात्माओं की हत्या जैसे जघन्य पापकर्म करने लगे। विनाशकाल उपस्थित होने पर उन दानवों की मति भ्रष्ट हो गई थी, अतः वे अपने स्वामी मय दानव की चेतावनी पर ध्यान ही नहीं दे रहे थे।

दानवों के निरन्तर बढ़ते हुए उत्पातों से जनजीवन को व्याकुल देखकर वसु, सध्य, मरुत, पितर तथा देवता भयग्रस्त होकर ब्रह्माजी के पास गए और उनसे दानवों के

उपद्रवों की चर्चा करने लगे। देवों ने करबद्ध होकर कहा- पितामह! यदि आप लोभ-मोह से अन्धे इन दानवों को विनाशकार्य से शीघ्र ही नहीं रोकते तो इसका परिणाम यह होगा कि सारा संसार जनविहीन हो जाएगा।

देवों की ऐसी आर्त्तवाणी को सुनकर ब्रह्माजी बोले, 'हे मतिमन्तो! वस्तुतः मयदानव को जो वर दे दिया है, उससे त्रिपुर दुर्ग में अवस्थित दानव आप लोगों से अबध्य हो गए हैं। इसके लिए तो भगवान् शंकर को ही आगे लाना होगा। एक मात्र वे ही आप सबको तथा मानव समुदाय को बचा सकते हैं।' देवों के इस अनुरोध पर ब्रह्माजी उनके साथ शिवजी के पास चल दिए।

शिवलोक में पहुंचकर देवों ने जब उमा सहित भगवान् शंकर का दर्शन किया तो उनकी स्तुति प्रारम्भ कर दी। देवों के स्तवन से प्रसन्न होकर भगवान् शंकर ने उनका स्वागत करके ब्रह्माजी से उन पर उपस्थित संकट बताने को कहा। जब शिवजी ने देवों को उनके किसी भी संकट को दूर करने का आश्वासन दिया तो देवता प्रसन्न हो उठे। उन्होंने श्री आशुतोष भूतभव्येश भगवान् शंकर से आर्त्तवाणी में कहा- 'प्रभो! दितिपुत्र मय नामक दानव ने त्रिपुर नामक एक दुर्लघ्य दुर्ग का निर्माण किया है जिसमें एक ओर सभी प्रकार की सुख-सुविधाएं मौजूद हैं तो दूसरी ओर वह दुर्ग कवच के समान पूर्णतः सुरक्षित है। उस दुर्ग का आश्रय लेकर ही दानव निर्भय और निशंक हो गए हैं। उन्होंने हमारे नन्दादि उपवनों को नष्ट-भ्रष्ट कर दिया है तथा ऐरावत आदि गजों का भी बलपूर्वक हरण कर लिया है। यहां तक कि उन दुर्दान्त दैत्यों ने स्वर्ण के वैभव के साथ-साथ अप्सराओं को भी अपने अधीन कर लिया है।'

देवों की कथा से द्रवित गणेश के पिता आशुतोष शंकर भगवान् बोले, 'देवी! धैर्य धारण करो और चिन्ता-ग्लानि का परित्याग करो। मैं त्रिपुर को जला दूंगा। इस समय मैं आप लोगों को जैसा कहता हूं वैसा ही आप लोग करें। आप लोगों के सभी कष्ट शीघ्र ही दूर हो जाएंगे। देवों को इस प्रकार आश्वस्त करके शिवजी बोले कि आप लोग शीघ्र ही मेरे लिए एक ऐसा सुदृढ़ रथ तैयार करें जिस पर आरूढ़ होकर मैं दैत्यों सहित इस दुर्ग का विध्वंस करने के लिए अभियान कर सकूं।'

शिवजी के ऐसे वचन सुनकर सभी देवों ग्रहों, नक्षत्रों, भूतों, नदियों, सर्पों तथा समुद्रों ने अपना-अपना सर्वश्रेष्ठ अंश देकर उससे एक उत्तम रथ का निर्माण किया। चारों वेदों, यज्ञों ऋतुओं और संवत्सरों आदि द्वार प्रदत्त उनके श्रेष्ठ अंशों से धनुष-बाण का निर्माण हुआ। तब उत्तम रथ तथा धनुष-बाण लेकर देवतागण शिवजी की सेवा में उपस्थित हुए। शिवजी ने रथ को स्वीकार करते हुए जब देवों से अपने इस रथ के निपुण संचालक सारथि की व्यवस्था करने को कहा तो सभी देवगण चिन्ताग्रस्त हो उठे। विष्णु और चिन्ताकुल देवों ने थोड़ी देर में अपने सामने एक समर्थ देव को देखा जिसने सिंहनाद करते हुए कहा मैं शिवजी का सारथि बनूंगा। इस पर देवों ने प्रसन्न होकर हर्ष ध्वनि की और उस सूत ने शिवजी को रथ पर बिठाया। वह रथ ज्यों ही चंचल हुआ त्यों ही उसके चलने की ध्वनि से सारी पृथ्वी कांपने लगी। रथ के अश्व वायु वेग से उड़ने लगे। रथ के विविध भागों में बैठे देव, ग्रह, ऋषि और गंधर्व आदि रथ की रक्षा में प्रवृत्त हो गए। शिवजी के रथारूढ़ होने पर नन्दीश्वर अपना त्रिशूल लेकर तथा अन्यान्य योद्धा अपने-अपने शस्त्रों से सन्नद्ध होकर साथ ही चल पड़े।

इधर शिवजी के आधिपत्य में देवसेना त्रिपुर को रवाना हुई तो उससे पूर्व की नारद जी उधर जा पहुंचे दानवों ने पाद्य, अर्घ्य तथा मधुपर्क आदि से नारदजी का स्वागत-सम्मान किया। नारदजी के प्रसन्न मन से कनकामन पर विराजमान हो जाने पर मय दानव ने उससे -पूछा देवर्षि! आप तो भूत, वर्तमान और भविष्य के जानने वाले हैं। हमारे नगर में आजकल जैसे उत्पात हो रहे हैं और हम लोग जैसे दुःस्वप्न देख रहे हैं बिना वायु के ही यहां के ध्वज सब किस भावी आपत्ति के सूचक हैं? आप तो अनागत के ज्ञाता, सर्वदर्शी महात्मा हैं हमें हमारा भविष्य बताने की कृपा करें। नारदजी बोले दानव राज! आचार्यों ने धर्म की अर्धसंज्ञा इसलिए दी है कि वह धारण करने वाले को धारण करता है। धर्म ही इष्ट-प्राप्ति का साधन है। जो भी व्यक्ति धर्म-मार्ग को छोड़कर विपरीत मार्ग पर चलता है-वेदज्ञ विद्वानों का कथन है कि उसका विनाश निश्चित हो जाता है। आपके नगर में हो रहे उत्पात इसी विनाश के सूचक

लक्षण हैं। भगवान् शंकर सभी देवों के श्रेष्ठ अंशों द्वारा निर्मित रथ पर आरूढ़ होकर आपके इस त्रिपुर के विध्वंस और दानवों के विनाश के लिए आ रहे हैं। इस प्रकार आप दानवों के समक्ष इस समय भारी संकट उपस्थित है। यह सब बताकर नारदजी हरि गुणगान करने लग गये।

मय दानव ने तुरन्त अपने शूरवीर योद्धा दानवों को बुलाकर उन्हें देवों के साथ युद्ध के लिए उद्यत होने को कहा। अपने सैनिकों का उत्साह वर्धन करते हुए मय दानव ने प्राणपण से त्रिपुर दुर्ग की रक्षा करने के लिए अपने सभी सैनिकों का आह्वान किया। सैनिकों को-इन्द्र सहित सभी देवों को जीत कर-स्वर्ग के सभी सुख भोगों को भोगने के लिए प्रोत्साहित करके मय दानव अपने दुर्ग में प्रविष्ट हुआ। मय दानव ने श्रद्धापूर्वक भगवान् शंकर की आराधन की और पुनः निश्चित भाव से विश्राम करने लगा।

अल्पकाल के बाद ही श्री शिवजी के नेतृत्त्व में देवसेना त्रिपुर में आ पहुंची और देवों तथा दानवों में भयंकर युद्ध छिड़ गया। सुन्दर, स्वरूप, दानव, विकृतानन शिवगणों, पार्षदों तथा भूत-प्रेतादि को देखकर हंसने लगे। देवसेना के सैनिकों को आक्रमण करने का परामर्श देते हुए दानव उन्हें युद्ध क्षेत्र से चले जाने को कहने लगे परन्तु अपनी चेतावनी का कुछ प्रभाव ने देखकर क्षण भर में ही दानवों ने अपने तीखे बाणों की झड़ी लगा दी। इधर देवता भी पक्षधारी पर्वतों के समान दानवों पर बाण-वर्षा करने लगे।

विधुन्माली ने नन्दिकेश्वर पर अपने भयंकर बरछे से प्रहार किया तो नन्दिकेश्वर ने उस पर वज्र का प्रहार किया। वज्र के तीव्र आघात को न सह सकने से विधुन्माली भयंकर ध्वनि करता हुआ धरती पर गिर पड़ा। भयंकर रथ से गाणपत्य (गणपति के सैनिक) विचलित हो गए। इधर मय दानव ने गाणपत्यों पर उपल वृष्टि करनी प्रारम्भ कर दी। अपने सैनिकों को त्रस्त देखकर गणेश जी ने मय दानव की दानवी माया को क्षण भर में ही निरस्त कर दिया। जिस दानव की शक्ति. क्रूरता और युद्ध निपुणता से इन्द्र सदा भयग्रस्त रहता था उसके मरते ही देवों का उत्साह बढ़ गया और यह सब कुछ गणेशजी की कृपा से हुआ।

मय दानव ने विधुन्माली की मृत्यु को काल की महत्ता के रूप में स्वीकार करते हुए देवों के विरुद्ध अपनी माया का प्रसार करना आरंभ कर दिया। मय दानव ने एक ऐसी वापी (बावड़ी) बनाई जिसमें फेंका हुआ मृत व्यक्ति जीवित हो उठता था। मयदानव ने ज्यों ही विधुन्माली के शव को उस वापी में डाला त्यों ही वह जीवित हो उठा और कहने लगा कि वह गीदड़ नन्दि कहां भाग गया है, मैं उसका वध करके उसे निर्वंश करूंगा।

विधुन्माली को जीवित देखकर दानव उत्साहित हो उठे और देवसेना पर पुनः टूट पड़े। गर्जन करते दानव द्रुमों के समान, विशाल, प्रचण्ड और सागर के समान धीर-गम्भीर दिखलाई दे रहे थे। दानवों के भयंकर प्रहारों से देवता सन्त्रस्त होकर इधर-उधर भागने, छिपने और अपनी जान बचाने लगे। उधर देवों द्वारा हताश दानवों को मयदानव अपने द्वारा बनाई वापी में डालकर पुनर्जीवित करने लगा।

शंकुकर्ण ने इन्द्र के पास जाकर उसे उस वापी के चमत्कार से सूचित किया और बताया कि तारक दैत्य ने तो महादेव जी के रथ ही आक्रमण करके उसके सारथि को भी सन्तप्त कर दिया है। जब शिवजी ने तारक पर बाण से प्रहार किया तो उसने मुख से आग उगलना आरम्भ कर दिया तब शिवजी ने मेघ वर्षा करने वाला बाण छोड़ा जिससे मेघों का उत्ताप जाता रहा। इधर शिवजी के गणों ने अपनी पूरी शक्ति लगाकर दुर्ग को क्षतिग्रस्त कर दिया।

सायंकाल घर लौटने पर जब दानवों ने अपने दुर्ग की स्थिति देखी उनका उत्साह जाता रहा। उस समय मय दानव ने अपने सैनिकों का साहस बंधाते हुए उन्हें कहा-कल तुम लोग पूरे बल से देवों और शिवगणों का सामना करो। यह सही है कि कालदुर्जेय है, काल के कारण ही यह अजेय एवं अलंघ्य दुर्ग क्षतिग्रस्त हुआ है परन्तु तुम लोग चिंन्ता मत करो। मैंने जो वापी बनाई है उससे तुम मर कर भी पुनर्जीवित हो जाओगे। अतः कल युद्ध में अपना सर्वस्व दांव पर लगाकर विजयश्री का वरण करो।

तब दानवों ने अपने स्वामी से निवेदन किया प्रभो! उस वापी को तो किसी ने बैल के रूप में पी लिया है। अब तो उसका कहीं कोई चिह्न तक दृष्टिगोचर नहीं होता। मय

दानव यह सुनकर आश्चर्यचकित हो गया और सोचने लगा कि भगवान् विष्णु के अतिरिक्त मेरी माया द्वारा निर्मित गुप्त वापी को दूसरा कौन पी सकता है? अब मयदानव ने अपने सैनिकों को समुद्र का आश्रय लेकर देव सेना का विनाश करने को कहा। दानवों ने जब समुद्र में अपना गुप्त स्थान निश्चित कर वहां से देवों पर घातक प्रहार करने प्रारम्भ किए तो देवता भयग्रस्त हो उठे। देवों की ऐसी दयनीय दशा देखकर शंकर जी ने ब्रह्मा जी से अपना रथ समुद्र के भीतर ही ले चलने को कहा। ब्रह्माजी ने शंकर जी का रथ उस ओर मोड़ दिया और समुद्र में पहुंचते ही शंकर जी ने मयदानव के वध की इच्छा से घातक शस्त्रास्त्रों का प्रयोग प्रारम्भ कर दिया।

दानवों ने समुद्र को निरापद न पाकर आकाश लोक का आश्रय लिया। आकाश में स्थित दानव कुछ इस प्रकार दिखाई दे रहे थे जैसे कि पक्षधारी पर्वत हों। इधर देवता भी शत्रु विनाश की इच्छा से आकाश में पहुंच गए और दोनों पक्षों में भयंकर युद्ध होने लगा। तब दोनों ओर के वीर एक-दूसरे को ललकारते हुए और चुनौती देते हुए भयंकर गर्जन करने लगे। शिव के पक्षधर स्कन्द यम तथा कुबेर आदि ने चारों और से ऐसा सुदृढ़ घेरा डाला कि दानवों के लिए जीना दूभर हो गया, परन्तु इधर विधुन्माली और मय दानव ने भी ऐसा प्रबल पराक्रम दिखाया कि हतोत्साहित दानवों में नई चेतना आ गई।

मय दानव से प्रेरणा पाकर दानवों ने शिवजी के रथ को घेर लिया। शिवजी को दानवों के यूथ से आवृत देखकर इन्द्र, वरुण और कुबेर आदि शिवगणों के साथ अपने-अपने शूल, दण्ड तथा परशु आदि आयुधों के साथ दानवों पर टूट पड़े। दोनों ओर से शस्त्रास्त्र इस प्रकार छूट रहे थे जैसे कि आकाश से मूसलाधार वर्षा हो रही हो। विधुन्माली ने नन्दीश्वर को घेर लिया और दोनों वीरों में तुमुल युद्ध होने लगा। इस पर नन्दीश्वर ने विधुन्माली की छाती में एक भयंकर शक्ति से ऐसा तीव्र प्रहार किया कि उसके वक्ष के रक्त की एक धारा बह निकली जिससे क्रुद्ध होकर उसने हाथ से एक वृक्ष उखाड़ कर नन्दीश्वर पर दे फेंका नन्दीश्वर ने क्षण में ही उस वृक्ष को खण्ड-खण्ड

कर दिया। नन्दीश्वर ने विधुन्माली के सम्पूर्ण शरीर को अपने शस्त्रास्त्रों से बींध डाला। नन्दीश्वर के और निरन्तर हो रहे प्रहार को न सहन करता हुआ विधुन्माली देखते-ही-देखते धरती पर गिर पड़ा।

विधुन्माली के धरती पर गिरते ही जहां सिद्ध, चारथ और किन्नर आदि नन्दीश्वर की प्रशंसा करने लगे वहीं मयदानव उन्मत्त के समान देवों नन्दीश्वर प्रमुख और शिवजी आदि का घातक प्रहार करने लगा। अन्ततः शिवजी ने सोचा कि इन दानवों को अब तक बहुत छूट दी जा चुकी है अब इनका विध्वंस कर ही देना चाहिए। यह सब सोचकर भगवान् शंकर ने मयदानव को त्रिपुर छोड़ देने को कहा तो मयदानव ने भगवान् शंकर से श्रद्धा भाव रखने के कारण उनके वचनों का पालन किया। मय दानव द्वारा त्रिपुर को छोड़ते ही भगवान् शंकर ने अग्नि को आदेश दिया कि वह त्रिपुर को भस्म कर दे परन्तु जब अग्नि त्रिपुर को दग्ध करने को उद्यत हुआ तो मयदानव की माता शतपवाक्षी आंखों में आंसू भरकर हाथ जोड़े हुए आकर शिवजी के चरणों में गिर पड़ी और उससे पुत्र और त्रिपुर की रक्षा करने की प्रार्थना करने लगी। आशुतोष भगवान् शंकर ने अबला की प्रार्थना को स्वीकार करते हुए इस शर्त पर मयदानव को जीवन और दुर्ग प्रदान कर दिया कि वह भविष्य में कभी भी धर्म विरुद्ध आचरण नहीं करेगा, अकारण वैर-द्वेष नहीं करेगा, न्याय और औचित्य की रक्षा करते हुए प्रजापालन तथा यज्ञ-यागादि करेगा। भगवान् शंकर के आदेश को शिरोधार्य करते हुए दानवों ने पूर्ण निष्ठा से भगवान् शंकर की आराधन की।

देवता अपनी विजय से प्रसन्न होकर ब्रह्माजी और शंकर भगवान् को प्रणाम करके और उनकी अनुमति लेकर अपने-अपने लोकों को चले गये। ब्रह्माजी और शिवजी भी एक-दूसरे से प्रेमालाप करके अपने-अपने निवास को चल दिए।

मय ने विधुन्माली की मृत्यु को सहज रूप में स्वीकार किया और देवताओं के विरोध में अपनी माया को फैलाने लगा। वह अत्यन्त शक्तिशाली होकर चारों तरफ लड़ने लगा और देवताओं को तंग करने लगा। इसके बाद युद्ध की भयंकरता बढ़ गई। उधर देवताओं ने पृथ्वी, आकाश और दिशाओं को अपने बाणों से भर दिया। कुबेर

ने जम्ब राक्षस की सेनाओं को नष्ट करना शुरू किया जिसके विरोध में जम्बासुर ने अपने सोने के मुद्गर से कुबेर की सेना पर प्रहार किया। जिससे कुबेर के सैनिक हाहाकार कर उठे। जम्बासुर ने इसके बाद फरशा लेकर कुबेर के रथ के टुकड़े-टुकड़े कर दिये। रथ के नष्ट हो जाने के बाद कुबेर पैदल ही युद्ध करने लगा। उसने गुस्से में भरकर जन्ब के ऊपर अपनी लोहे की गदा को रोकने के लिए अनेक शस्त्रों का प्रयोग किया लेकिन उसके सारे अस्त्र-शस्त्र बेकार हो गये और वह गदा उसके वक्ष में लगी। गदा के लगते ही उसके मुख से खून की धारा बह निकली। यह देखते ही जम्बासुर को मरा हुआ समझकर कुजम्ब ने कुबेर को घेर लिया और फिर कुजम्ब के आक्रमण को ही कुबेर ने विफल कर दिया। दोनों में भयंकर युद्ध हो रहा था और उस भयंकरता में एक-दूसरे को परास्त कर रहे थे। थोड़े समय बाद पहले कुबेर ने अपनी शक्ति के प्रहार से क़ुजम्ब को बेहोश कर दिया और उसके बाद कुजम्ब ने स्वस्थ होकर कुबेर पर मारक प्रहार किया।

कुबेर को मूर्च्छित देखकर कुबेर निऋति नाम का एक देवता राक्षसों से लड़ने के लिए आया। उसने अपनी सेना को राक्षसों पर आक्रमण करने के लिए भेज दिया। उस देवता को अपने सामने देखकर कुजम्ब बहुत उछल-उछल कर अपना पराक्रम दिखाने लगा और दूसरी ओर निऋति भी डटकर युद्ध करने लगा। इधर जम्बासुर ने कुबेर के अनेक रत्न, हीरे, मणियां एकत्रित कर लिये। इस बीच जब कुबेर की चेतना लौटी उसने राक्षस के नाश करने का विचार किया। उसने ध्यान धारण करके अपना गरुड़ बाण छोड़ा उसके छूटते ही धुंआ और चिनगारियां और आग का गोले निकलने लगे। चारों तरफ इस गर्मी को न सहने के कारण सैनिक बेचैन हो गये। कुबेर के इस आक्रमण के बाद जम्बासुर कुबेर पर झपट कर चढ़ा तो कुबेर भाग गया और भागते हुए उसका मुकुट जम्बासुर के हाथ में आ गया। तब उस राक्षस ने उस मुकुट को अपने रथ की ध्वजा के साथ लटका दिया जिससे कुबेर की पराजय का निश्चय हो जाये। इस तरह पराजित होकर मुकुटविहीन कुबेर इन्द्र के पास आया। जैसे ही कुबेर युद्ध से अलग हुआ तो यहां चन्द्रमा के पुत्र बुध ने अपनी अमोघ माया का प्रसार किया। उससे चारों

तरफ अंधकार छा गया। दानवों को बहुत प्रयास करने पर भी कुछ दिखाई नहीं पड़ा और इस अवस्था में बुध ने दानवी सेना का बहुत नाश कर दिया। अपने सैनिकों को इस तरह से नष्ट होते हुए देखकर दानव राजा महिषासुर ने एक शस्त्र छोड़ा जिससे आकाश में मेघ छिदर गया और सूर्य चमकने लगा। अंधकार के नष्ट होने के बाद दानवों ने भयंकर आक्रमण किया। इससे देवता व्याकुल हो उठे। कुजम्ब ने निऋति पर आक्रमण किया और निऋति ने भी प्रत्याक्रमण करके उसे विफल कर दिया। कुजम्ब अपने रथ से नीचे उतर आया और अपना खड्ग लेकर बुध के ऊपर आक्रमण करने लगा। इधर निऋति ने कुजम्ब की छाती में अपनी मुद्गर से गहरा प्रहार किया इससे उसका मनोबल टूट गया फिर भी वह बायें हाथ से उसके रथ पर चढ़कर उसके बाल पकड़कर सिर काटने के लिए तैयार हो गया लेकिन तभी वरुण वहां आ गये और कुजम्ब की भुजाएं बांध दीं तथा उस पर प्रहार किया।

मयदानव ने जब यह स्थिति देखी तो वरुण को सबक सिखाने के लिए उसने अपना मुंह खोल दिया। उसके खुले हुए मुख को देखकर दोनों कांपने लगे और इन्द्र की शरण में आये। दूसरी ओर महिषासुर वरुण की ओर लपका तो उसने वायु अस्त्र छोड़कर भयंकर हवा चला दी। दानव ठण्ड से ठिठुरने लगे और इधर-उधर भागने लगे। वे भागते-भागते इस तरह से जम गये कि बिलकुल हाथ-पांव न हिला सके। इस तरह दानवों की दशा देखकर अपने सैनिकों को महिषासुर ने हिम्मत बंधाई और उनसे कहा कि तुम तो बहुत शक्तिशाली हो, देवताओं को पराजित कर सकते हो। तुम साहस करके देवताओं पर टूट पड़ो। यह कहने के बाद भी उसने देखा कि सैनिकों पर असर नहीं हुआ फिर कालनेमि ने अपने शरीर का बिस्तार करके आकाश से बादलों को हटाया, जिससे सूर्य प्रकाशित हुआ और दानव ठण्ड से मुक्ति पा गए। जब सूर्य ने कालनेमि के पराक्रम को देखा तो उसने अपना रथ आगे बढ़ाने का आदेश दिया और कालनेमि के पास पहुंचकर इन्द्रजाल से प्रसार में समर्थ दो बाण छोड़े। इस बाण से सैनिकों के रूप में परिवर्तन हो गया।

देव दानव और दानव देवों जैसे हो गये। यह देखकर कालनेमि भ्रम में पड़ गया और देवताओं को अपना पक्षधर समझकर देव बने हुए दानवों को ही मारने लगा। यह कार्य थोड़े समय तक चलता रहा। लेकिन उधर नेमि ने यह बात जानी कि ये तो उसी के सैनिक मर रहे हैं क्योकि मरते ही सैनिक अपने वास्तविक रूप में आ जाते थे तो वह कालनेमि को समझाने के लिए आगे आया। कालनेमि ने उसे ही देवता समझकर प्रहार करना प्रारम्भ कर दिया। तब उसने उसे रोकते हुए कहा कि हे बन्धु! मैं तो तुम्हारा दैत्य बन्धु हूं। सूर्य के इन्द्र जाल बाण से तुम्हें दानव देव के रूप में दिखाई रहे हैं और तुम अपने ही बन्धुओं का विनाश कर रहे हो। जब कालनेमि को वास्तविकता का ज्ञान हुआ तो वह बहुत भ्रम में पड़ गया और उसे बहुत दुःख हुआ कि उसने अपने पक्ष के लोगों को मारा है। फिर वह सतर्क हो गया और ब्रह्मास्त्र के प्रयोग से सूर्य के अस्त्र के प्रभाव को नष्ट कर दिया। यही नहीं इससे तीनों लोकों में आतंक फैल गया और देवता लोग भी भयभीत हो गये। जब सूर्य ने अपने सैनिकों को उस शस्त्र के प्रभाव में बेचैन देखा तो उसने अपने शरीर का विस्तार किया और अग्नि वर्षा कर दी। इतने अधिक प्रकाश से देवताओं की आंखे चुंधिया गईं और वे पानी-पानी चिल्लाने लगे लेकिन उन्हें पानी नहीं मिला और दैत्य भूख-प्यास से व्याकुल होकर भूमि पर गिर कर मरने लगे।

इस स्थिति का सामना करने के लिए कालनेमि ने अपनी माया से कल्पमेध की सृष्टि की। इससे शीतल जल की वर्षा होने लगी और सूर्य के शस्त्र का प्रभाव कम हुआ। दानव सुखी हो गये और देवगण दुखी बचैन होकर इधर-उधर भागने लगे। इस बीच बहुत सारे गन्धर्व, यक्ष और किन्नर मृत्यु को प्राप्त हुए। यह देखकर अश्विनी कुमार कालनेमि के सामने आया और उससे लड़ने लगा। दोनों एक-दूसरे के शस्त्रों को प्रभावहीन बनाने लगे। कालनेमि ने अश्विनी कुमार के सिर को लक्ष्य करके शस्त्र फेंकने प्रारम्भ किये तो उन्होंने उन्हें विफल कर दिया। इससे क्रोधित होकर कालनेमि अपना एक भयंकर मुद्गर उठाकर लाया और उन पर दे मारा। लेकिन अश्विनी कुमार रथ से उछलकर नीचे कूद पड़े और बच गये। फिर दोनों में भयंकर युद्ध होने लगा। अश्विनी

कुमान ने अपने बज्र अस्त्रों से कालनेमि के रथ की ध्वजा आदि काट दी। इससे कालनेमि को बहुत क्रोध आया वह अश्विनी कुमारों को पकड़ने के लिए उनकी ओर दौड़ा। तब उसे अपनी ओर आते हुए देखकर वे दोनों रथ से कूद कर भागने लगे और इन्द्र के पास आ गये। कालनेमि भी अश्विनी कुमार का पीछा करते हुए इन्द्र के पास आ गया और उसने कहा कि देवताओं की पराजय की गई है। दानव लोग हिम्मत बांधकर फिर से युद्ध करने लगे तो देवताओं में पराजित होने की मानसिकता फैल गई। यह देखकर सूर्य ने गरुड़जी को बुलाया और जब गरुड़जी आकाश में उपस्थित हुए तो सभी दानव उनके तेज से विस्मित हो गये। वे सब गरुड़जी को ही अपना निशाना बनाने लगे। किन्तु गरुड़जी ने अपने तीखे पंखों से दानवों को घायल करना प्रारंभ कर दिया लेकिन धीरे-धीरे वे भी कमजोर पड़ने लगे। जब विष्णुजी ने यह देखा कि गरुड़जी भी दुर्बल हो रहे हैं तो उन्होंने विभिन्न बाणों का प्रहार करके दानवों को तेज से हीन किया। इस तरह कालनेमि और विष्णुजी में युद्ध छिड़ गया। इस युद्ध में कालनेमि का गौरव कम हुआ और वह कमजोर पड़ने लगा।

कालनेमि और विष्णु के युद्ध में कालनेमि को दुर्बल देखकर पहले तो उसका सारथी भाग गया लेकिन बाद में निमि नाम का दैत्य विष्णु से लड़ने आ गया। उसके इस साहस को देखकर अन्य दैत्य भी वहां पर एकत्रित हो गए और अनेक अस्त्र-शस्त्रों से युद्ध करने लगे। सबने विष्णुजी को घेर लिया। लेकिन दैत्यों के द्वारा छोड़े गये सभी शस्त्र के शरीर को स्पर्श करते ही शांत हो जाते थे। फिर कुछ समय बाद एक साथ ही विष्णु ने एक बाण महिषासुर की छाती में, बारह जम्बासुर पर और बीस निमि पर छोड़े। किन्तु इससे न घबराकर निमि ने भाले से विष्णु के धनुष को काट डाला और महिषासुर ने हाथ पर प्रहार करके बाणों को नीचे गिरवा दिया। इस युद्ध में गरुड़ घायल हुए।

विष्णुजी ने गदा फेंकी तो वह भी छिन्न-भिन्न हो गई। फिर मुद्गर फेंका लेकिन उसे भी दैत्यों ने प्रभावहीन कर दिया। फिर इसके बाद विष्णु ने अपनी शक्ति से जम्बासुर पर प्रहार किया लेकिन उसे जम्बासुर ने अपने हाथ में रोक लिया फिर विष्णुजी ने दूसरा

धनुष लिया और बाणों की झड़ी लगा दी। सभी सैनिक त्रस्त- होकर इधर-उधर भागने लगे। दैत्य ने भी ब्रह्मास्त्र को प्रयोग किया। इसके उत्तर में विष्णुजी ने कालदण्ड नाम के अस्त्र का प्रयोग किया। इसके उत्तर मैं दैत्यों ने नारायणास्त्र का प्रयोग करना चाहा पर विष्णुजी ने अपना चक्र हाथ में लिया और ग्रसन दैत्य का गला काट दिया।

यह देखते ही अन्य दैत्य सैनिक भयंकर रूप से युद्ध करने लगे और अनेक अस्त्र-शस्त्रों को लेकर विष्णुजी पर टूट पड़े उन्होंने मिलकर युद्ध करते समय विष्णुजी पर तेज आक्रमण किया। किन्तु विष्णुजी ने बड़ी आसानी से उनके टुकड़े-टुकड़े कर दिये। इस पर दानवों ने अपने घोड़ों को लेकर ही विष्णु जी पर प्रहार करना प्रारम्भ कर दिया अर्थात् वे घोड़ों को उठाकर ही उन पर फेंकने लगे। जब मथन दैत्य इनके सामने आया तो विष्णुजी ने उस पर भारी प्रहार किया लेकिन फिर विष्णु ने संचेत होकर अपनी गदा के प्रहार से उसको मार दिया।

इस प्रकार मथन दानव के गिरने पर दानवों में बहुत अधिक शोक फैल गया। महिषासुर ने क्रोधित होकर विष्णुजी की छाती में प्रहार किया और वह अपना मुंह फाड़कर उनको ग्रसने के लिए दौड़ा। तब विष्णुजी ने हजारों बाण छोड़कर बाणों से उसका मुंह भर दिया। इसके बाद उन्होंने उसे धरती पर गिरा कर कहा कि तुमने किसी स्त्री के द्वारा ही मारे जाने का वर ब्रह्माजी से मांगा है, इसलिए मैं तुम्हें मुक्त करता हूं। तुम तुरन्त यहां से भाग जाओ। महिषासुर ने यह सुना और वह युद्धभूमि से भाग गया।

थोड़े समय बाद विष्णुजी के सामने लड़ते हुए शुंभ आ गया और उसने भी अपने बाणों के प्रहार से अग्नि निकालते हुए विष्णुजी पर प्रहार किया। लेकिन उस दैत्य ने जैसे ही प्रहार किया वैसे ही विष्णुजी ने भी उसका उत्तर दिया और वह दैत्य भैंसे से नीचे गिरकर खड़ा होने लगा। तभी विष्णुजी ने उसकी भुजा काट दी। उस दैत्य को भी उन्होंने छोड़ दिया क्योंकि उसने भी ब्रह्माजी से कुमारी के हाथों मरने का वरदान पाया था।

इसी समय निमि और जिम दोनों ने मिलकर विष्णु को बांध लिया। उन्होंने अपनी बांहों से उन्हें लपेटकर पीसना चाहा। लेकिन विष्णुजी ने उन दोनों को बड़े जोर से

पृथ्वी पर पटक दिया और इससे वे मूर्च्छित होकर गिर पड़े। जब वे खड़े हुए तो विष्णु स्वयं युद्धस्थल को छोड़कर भागने लगे। विष्णु को भी भागते हुए देखकर दैत्य लोग तो हर्ष से पागल हो गये लेकिन इन्द्र बहुत दुखी हो उठा और विष्णुजी के पास जाकर विनम्रतार्णक कहने लगे। हे नारायण! आप उन दुष्ट दानवों को क्यों खिला रहे हो? जब दुष्ट व्यक्ति की दुर्बलता का ज्ञान हो जाए तो उस समय उपेक्षा भाव न अपना कर पूरा लाभ उठाना चाहिए। हे प्रभो! आपने पूर्वकाल में हिरण्यकशिपु तथा हिरण्याक्ष जैसे अनेक विकराल एवं विक्रान्त दैत्यों का क्षण में ही नाश कर दिया था अन्य सभी दैत्य भी आपकी क्रोधाग्नि में पड़कर पतंगे के समान नष्ट हो गये थे। युग-युग में आप ही दैत्यों के विनाशक और देवों के रक्षक हैं। आप ही यदि युद्ध से किनारा कर लेंगे तो इन दुष्टों को विनाश और देवों का परित्राण कौन करेगा?

इसके बाद इन्द्र ने विष्णुजी से कहा कि इन दैत्यों ने विभिन्न तरह के वरदान लिय हुए हैं। कोई स्त्री से, कोई कुमारी कन्या से मरेगा किन्तु जम्बासुर तो आपके द्वारा ही मारा जाना हैं। अतः आप उसे ही मारने का प्रयास कीजिए। इन्द्र की बात सुनकर विष्णुजी का साहस और बढ़ गया और उन्होंने कहा कि सभी देवता मेरी सहायता के लिए आस-पास रहें। यह कहकर उन्होंने युद्ध शुरू किया। गजासुर ने भी भयंकर गर्जन किया ओर देवताओं की सेना को विचलित कर दिया। जब रुद्रों ने देखा कि उनकी सेना बहुत बेचैन हो रही है तो वह बहुत क्रोधित हुए और गजासुर की मुट्ठियां बांध दीं। कपाली ने देवताओं को धैर्य बंधाया और उन्हें रोक दिया। गजासुर के माथे से कपाली ने रक्त की धारा निकाल दी जिससे वह काला पड़ गया। लेकिन शंकर को दांतों से काटना शुरू कर दिया। इतना कुछ करने के बाद भी भगवान् रूद्र ने उसका वध कर दिया।

अपने सेनापति राजा का वध देखकर दानव लोग भागने लगे। तब निमि ने आकर देवताओं से युद्ध शुरू कर दिया। उसने सीधा देवराज इन्द्र को अपना लक्ष्य बनाया और उसे पकड़ने के लिए दौड़ा। इन्द्र भागने लगा और भागते-भागते उसने निमि की छाती पर वज्र से आघात किया। लेकिन निमि ने भी उस प्रहार की चिंता न करते हुए

ऐरावत की सूंड के ऊपर वार किया। थोड़ी देर के लिए ऐरावत नीचे को झुका लेकिन फिर उठकर देवराज इंद्र को सुरक्षित स्थान पर ले गया और इसी बीच कुबेर और निमि का युद्ध होने लगा। निमि ने कुबेर को काटकर अर्थात् उससे न उलझ कर ऐरावत पर प्रहार किया। उधर ऐरावत घायल होकर नीचे गिरा तो कुबेर ने निमि के ऊपर बहुत तीव्र प्रहार किया और वह अचेत होकर नीचे गिर पड़ा तथा देवताओं में हर्ष और उल्लास छा गया।

जब जम्मासुर ने यह देखा तो वह क्रोधित हुआ। उसका मुख अग्नि में घी के पड़ने के बाद लाल रंग का हो रहा था। उसने सीधे इन्द्र को ललकारा और दोनों में भयंकर युद्ध छिड़ गया। दोनों एक-दूसरें के प्राणों के प्यासे बनकर एक-दूसरे पर घातक प्रहार करने लगे। दोनों ने एक-दूसरे के विरुद्ध गान्धर्व, मौसल, वाष्ट्र, आग्नेय, मेघ तथा शैल आदि अनेकानेक बाण छोड़ें। जम्भ ने राक्षसी माया से अपना शरीर इस योजन तक विस्तृत कर लिया। तब इन्द्र ने महाशनि शक्ति के प्रयोग से राक्षसी माया का निराकरण किया और इसके उपरांत इन्द्र ने जम्भ पर नारसिंह शस्त्र से प्रहार किया, फिर गरुड़ शस्त्र से आघात किया, परन्तु जम्भ ने अपनी माया से सर्प का रूप धारण कर लिया और वह उस रूप में देवसेना को बुरी तरह डसकर काटने लगा। देवसेना इतनी बुरी तरह विचलित हुई कि इन्द्र को आश्चर्य हुआ। तब उसने अपने बचाव के लिए विष्णुजी से कहा किन्तु विष्णुजी ने इन्द्र से कहा कि तुम कायर मत बनो और युद्ध करो। तुम भी माया का विस्तार करो और अपने शत्रु के प्रयोजन को नष्ट कर दो।

इन्द्र ने विष्णु के वचनों को सुनकर अपना नारायण अस्त्र क्रोधित होकर जम्भ के ऊपर छोड़ा लेकिन जब तक वह अस्त्र उसी छाती में लगा तब तक उसने लाखों गन्धर्व और सर्व आदि सैनिकों को अपने मुंह में तड़प लिया। लेकिन अस्त्र लगते ही उसकी छाती से खून का फव्वारा फूटा और उसने किसी तरह वह युद्ध स्थल छोड़ा किन्तु वह युद्ध से अलग नहीं हुआ। वह आकाश मार्ग में चला गया और वहां से देवताओं पर भारी शस्त्रों से आक्रमण करने लगा। नीचे धरती पर खून के फैलने से घोड़े, हाथी चलते-चलते चिपकने लगे किन्तु गीदड और भेड़ियों का हर्ष हुआ।

जब देवों की सेना ने जम्भ के इस आश्चर्यजनक पराक्रम को देखा कि छाती पर नारायण अस्त्र के प्रभाव के बावजूद वह युद्ध कर रहा है तो वे घबराये। फिर उन्होंने मिलकर-अर्थात् वरुण, कुबेर, अग्नि, यम और निर्ऋति ने दिव्यास्त्रों को छोड़ा पर वे भी विफल हो गये और विपरीत रूप में जम्भासुर के अस्त्रों से देवसेना का बहुत नाश हुआ। जब उन्हें इस संकट से उबरने को कोई रास्ता नहीं मिला तब फिर विष्णुजी ने ब्रह्मास्त्र छोड़ने के लिए कहा। इन्द्र ने उसी समय मंत्रों से सिंचित ब्रह्मास्त्र को अपने धनुष बाण पर चढ़ाया और जम्भासुर की ओर फेंका। उधर राक्षस ब्रह्मास्त्र को अपनी ओर आता देखकर अपनी माया से अलग होकर पृथ्वी पर आ गया। फिर भी उससे नहीं बच पाया और उसका सिर कट कर नीचे गिर गया।

जम्भासुर के इस तरह पृथ्वी पर गिरने के बाद सभी दानव तारकासुर के पास पहुंचे। ताराकासुर ने अपने सैनिकों को ऐसा देखकर क्रोध की अभिव्यक्ति की और अपने रथ पर चढ़कर वह देवताओं के सामने आ गया। जब तारकासुर आया तो उसने इतने रूपों में युद्ध करना प्रारम्भ किया कि देवता भयभीत हो गये और चारों ओर भय का वातावरण छा गया। तारकासुर ने बाणों की झड़ी लगा दी और देवताओं को दस-दस बाण मार कर शिथिल कर दिया। तारकासुर के पराक्रम को देखकर विष्णु भी आगे आये और उन्हें आगे आते हुए देखकर देवताओं में भी कुछ उत्साह आ गया। सबने मिलकर तारकासुर पर प्रहार किया लेकिन उस राक्षस ने इनके प्रहारों की चिंता नहीं की और एक-एक करके सबको धरती पर गिरा दिया।

देवता अपनी मूर्च्छा से जगे और जब विष्णुजी सचेत हुए तो उन्होंने अपने चक्र से उस पर आक्रमण किया। किन्तु वह चक्र उनके शरीर से टुकड़े-टुकड़े होकर गिर गया। तारकासुर ने अपने से युद्ध करते हुए वायु को भी पराजित कर दिया। वायु ने उसके ऊपर एक पहाड़ फेंका तो उसने गेंद की तरह रोक लिया। यम ने उसके माथे पर प्रहार किया तो भी वह विचलित नहीं हुआ। अग्नि ने भी जब उक्की छाती पर प्रहार किया तो उसने उन्हें फूलों की माला समझकर स्वीकार कर लिया। इस प्रकार कुबेर, वरुण और अश्विनी कुमार आदि सबने भिन्न-भिन्न रूप में तारकासुर पर आक्रमण

किया। किन्तु उसके ऊपर कोई प्रभाव नहीं हुआ और उसने देवों को बंदी बना लिया और अपने नगर चला गया। तारकासुर की इस विजय पर असुरों की पत्नियों और अप्सराओं ने प्रसन्नता मनाई।

तारकासुर प्रसंग

ऋषि बोले, 'प्रभो! आपके मुख रूपी क्षीर-सागर से निकलती शंकर की अमृत कथा कानों से पान करते हुए हमारी तृप्ति नहीं हो रही है। हमारा आपसे विनम्र निवेदन है कि मत्स्य भगवान् मनु जी को षडानन कार्तिकेय जी के द्वारा तारकासुर के वध का जिस प्रकार विस्तृत विचरण सुनाया था वह सब आप हमें सुनाने की कृपा करें। साथ ही आप षडानन जी के नाम का इतिहास भी हमें बताने का अनुग्रह करें।'

श्री सूतजी बोले, ऋषियो! भगवान की पुण्य कथा के श्रवण का आनन्द एक बार जिसने भोग लिया, इस अमृत रस को जिसने एक बार भी चख लिया, उसे फिर कुछ और अच्छा लगता ही नहीं। संसार के विषय तो भगवद् भजनानन्द रूपी गंगाजल के सामने सड़ांध, दूषित और कीटाणुओं से कलुषित गंदले जल के समान है। दुर्बुद्धि वाले लोग अमृत को छोड़कर मैले-कुचैले में रुचि रखते हैं की तो भगवत्कथा के श्रवण-श्रावण में ही रुचि प्रवृत्ति होती है। आपके सौजन्य से हरिगुण कथन से मेरी जिह्वा भी पवित्र हो जाएगी। मैं आपके अनुरोध पर आप लोगों को षडानन भगवान् के जन्म और तारकासुर के वध का विवरण सुनाता हूं। आप समाहित चित्त होकर श्रवण करें।

'जैसा कि पहले बता चुका हूं, वज्रांग नामक दैत्य का पुत्र तारक महाबली और परमोत्साही दैत्य था। उस उद्धत शूरवीर ने देवों को स्वर्ग से केवल बहिष्कृत ही नहीं कर दिया था अपितु वह उन्हें सदैव इस प्रकार उत्पीड़ित भी करता था कि वे एक क्षण के लिए भी चैन की सांस नहीं ले पाते थे। भयपीड़ित देवता ब्रह्माजी की शरण में गए और उनसे अपने उद्धार का उपाय पूछने लगे। तब ब्रह्माजी देवों को समाश्वस्त करते हुए बोले कि आप लोगों को संत्रस्त होने की आवश्यकता नहीं। हिमालय का धेवता और भगवान शंकर के वीर्य से तथा भगवती जगदम्बा पार्वती के उदर से उत्पन्न बालक भविष्य में ही इस दैत्य का वध कर डालेगा।'

ब्रह्माजी बोले- देवो! एक समय शिवजी, पार्वती जी को देखकर अपना वीर्य अग्नि के मुख में डाल देंगे जिससे तुम देवता लोग तृप्त हो जाओगे परन्तु उस वीर्य को आत्मसात् नहीं कर पाओगे। फलतः आप लोगों का पेट फाड़कर वह वीर्य बाहर निकल आएगा और शरकानन में नदी के जल में जा पड़ेगा। उस वीर्य से उत्पन्न सूर्य के समान तेजस्वी बालक सात दिन का होने पर तारकासुर का वध कर डालेगा।

ऋषि बोले, 'विप्रश्रेष्ट! यह कथा तो बड़ी ही अद्भुत है, हमें और अधिक विस्तार से सुनाने की कृपा करें।'

सूतजी- 'ऋषियो! ब्रह्माजी के मानसपुत्र दक्ष प्रजापति ने वैरिणी से आठ कन्याएं उत्पन्न कीं। उसने दस कन्याएं धर्म को, तेरह कश्यप जी को, सत्ताईस सोम को, चार अरिष्ट नेमि को, दो बाहुक पुत्र को, दो अगिरा को और दो वृशाश्व को व्याह दीं। उन कन्याओं से कश्यप जी की विवाहिताओं के नाम है- अदिति, दिति, दनु, विश्वा, अरिष्टा, सुरसा, सुरभि, विनता, ताम्रा, क्रोधवश, इरा, कद्रु तथा मुनि। कश्यप जी की इन पत्नियों के उदर से उत्पन्न सन्ततियों से ही सारा संसार आवृत्त है।

कश्यप जी की पत्नी अदिति से इन्द्रादि पूज्य देवता, दिति के उदर से हिरण्यशिपु आदि दैत्य, दनु के गर्भ से दानव, सुरभि के गर्भ से गौएं, विनिता के जठर से गरुड़ आदि पक्षी तथा कद्रु की कुक्षि से शेष जी आदि सर्प उत्पन्न हुए।

ब्रह्माजी ने इन्द्र की सभी देवों का स्वामी और त्रिलोकी का अधीश्वर शासक नियुक्त किया परन्तु महाबली हिरण्यकशिपु ने इन्द्र से राज्य छीन लिया जिससे रुष्ट होकर भगवान् विष्णुजी ने उसे मार डाला। इन्द्र ने उसके भाई-बन्धुओं का वध कर दिया।

दिति ने अपने पुत्रों के नष्ट हो जाने पर कश्यपजी को प्रसन्न करके उनसे अत्यन्त महाबली एक अन्य ऐसा पुत्र मांगा जो युद्ध में इन्द्र का वध करने में सक्षम हो। कश्यपजी ने अपनी प्रिया पत्नी की वेदना पर द्रवित होकर उससे कहा- देवि! एक सहस्र वर्ष पर्यन्त पवित्र मन से यदि तुम नियम का पालन करोगी तो तुम्हें अभीष्ट पुत्र की प्राप्ति हो जाएगी। पति के वचन को शिरोधार्य कर दिति सावधानी से यम-नियमों का पालन करने लगी। इधर इन्द्र को जब दिति की इस तपस्या और साधना का पता चला तो वह

अत्यधिक सावधान हो गया। इन्द्र कपटवृत्ति से दिति के पास आकर उसकी सेवा-शुश्रुषा में लग गया। जब निर्धारित अवधि में से दस वर्ष शेष रह गए तो दिति ने इन्द्र को बताया कि उसके उदर से एक तेजस्वी बालक उत्पन्न होने वाला है, जिससे समझौता करके अर्थात् उसे सहभागी बनाकर जीने में ही इन्द्र का हित होगा और वह प्रयास करेगी कि दोनों मिल-जुलकर स्वर्ग का उपभोग करें।

दिति ने इन वचनों को सुनकर इन्द्र और अधिक सतर्क हो गया। एक दिन जब तप से श्रान्त दिति संयोगवश बिना मुख शौच किए ही निद्रानिमग्न हो गई तो इन्द्र उपयुक्त अवसर देखकर दिति के उदर में घुस गया और उसने अपने वज्र से गर्भ के सात अण्ड कर दिए। इन्द्र को इतने से ही संतोष नहीं हुआ। उस स्वार्थी ने प्रत्येक अण्ड के पुनः सात-सात खण्ड कर दिए। इस बीच दिति नींद से जग गई और इन्द्र से अपनी सन्तान का वध न करने को कहने लगी।

दिति के वचन सुनकर इन्द्र गर्भ से बाहर निकल आया और करबद्ध होकर बोला- मैंने आपके गर्भ के उनचास भाग कर दिए हैं। मैं इन सब को स्वर्ग में यथोचित स्थान दूंगा और इन्हें यज्ञांश मिलने की भी व्यवस्था करूंगा।

अपने गर्भ की यह स्थिति देखकर यथासमय सुरूपा दिति ने पुनः अपने पति कश्यपजी को प्रसन्न करके उनसे प्रार्थना की कि वे उसे इन्द्र को जीतने वाला एक ऐसा पुत्र प्रदान करने की कृपा करें कि जो देवों के किसी भी शस्त्रास्त्र से न मारा जा सकें। पत्नी को दुखी देखकर कश्यपजी को दया आ गई और उन्होंने उसे अभीष्ट प्राप्ति के लिए दस सहस्र वर्ष पर्यन्त तप करने का सुझाव दिया। कश्यपजी ने बताया कि तप की सफलता पर दिति वज्र के समान दृढ़ अंगों वाला वज्रांग पुत्र प्राप्त करेगी।

अपने पति के वचन को आदेश मानकर दिति वन में चली गई और उसने पूर्ण निष्ठा के साथ दस हजार वर्षों तक पुनः घोर तप किया। तप की समाप्ति पर उसे अच्छेद्य-अभेद्य एवं अजेय पुत्र की प्राप्ति हुई। उत्पन्न बालक शीघ्र ही सभी शास्त्रों में पारंगत हो गया और समर्थ होने पर मां से करबद्ध होकर सेवा पूछने लगा। पुत्र की सामर्थ्य और

आज्ञाकारिता को देखकर दिति बोली- पुत्र! इन्द्र ने मेरे कितने ही पुत्रों का वध कर डाला है। मेरी इच्छा है कि इन्द्र का वध करके तुम अपने भाइयों का प्रतिरोध लो।

माता के वचनों को सुनकर वज्रांग 'जो आज्ञा' कहकर चल दिया और अपने अमोघ-सामर्थ्य वाले पाश से इन्द्र को बांधकर तुरन्त अपनी माता के पास ले आया। इन्द्र उस दैत्य से इस प्रकार कम्पायमान था जैसे कि सिंह के पंजे में पड़े हुए मृग के प्राण सूख जाते हैं। इसी समय वहां ब्रह्माजी और कश्यपजी का भी आगमन हुआ। तब उन दोनों ने सन्त्रस्त इन्द्र को बंधन से मुक्त करने के लिए दिति और उसके पुत्र से कहा। ब्रह्माजी बोले-हे देवि। सम्मानित व्यक्ति का अपमान उसका वध ही है। हमारे कहने से आप इसे जब मुक्त करेंगी तो इसे आप मरा हुआ ही समझेंगी। इधर वज्रांग को सम्बोधित करते हुए कश्यपजी बोले-वत्स! दूसरे के अनुमोदन से शत्रु के बन्धन से मुक्त होने वाला व्यक्ति कितने दिन जीता है? वह तो उसी समय मर चुका होता है। अपमान का जीवन भी कोई जीवन है! कश्यपजी के ऐसे वचन सुनकर वज्रांग बोला- हे पितृचरण! मुझे तो इन्द्र से कुछ लेना-देना नहीं है। मैंने तो केवल अपनी जननी के आदेश का पालन किया है। आप मेरे पिता और ब्रह्मा जी पितामह हैं। मैं आप दोनों के गौरव से इन्द्र को बन्धनमुक्त करता हूं। वस्तुतः मेरी रुचि तो तप करने की है और मैं आपसे निवेदन करता हूं कि आप मुझे आशीर्वाद दें कि आपकी कृपा से मेरा तप निर्विघ्न समाप्त हो।

दैत्य वज्रांग के मौन हो जाने पर ब्रह्माजी बोले- वत्स! तुमने अपने व्यवहार से मुझे सचमुच ही प्रसन्न कर दिया है। इस उपलक्ष्य में मैं तुम्हें एक उपहार देना चाहता हूं। उस समय ब्रह्माजी ने एक कमलनयनों वाली अत्यन्त सुरूपा कन्या का सर्जन किया और उसका 'वारांगी' नाम रखकर वज्रांग को पत्नी रूप में भोगने के लिए दे दिया। वज्रांग उस रूपसी को पाकर प्रसन्न हो उठा और कृतज्ञता प्रकट करके उस बाला के साथ तप के लिए वन को चल दिया।

वन में जाकर उस दैत्य ने ऊर्ध्वबाहु होकर एक सहस्र वर्षों तक घोर तप किया। उस तप के फलस्वरूप उसकी बुद्धि निर्मल हो गई। तदुपरांत उसने मुख नीचे और टांगे ऊपर करके पंचाग्नि तप किया। पंचाग्नि में तप के उपरांत उस दैत्य ने जल के भीतर ठहर कर तप करना आरम्भ किया। वज्रांग की पतिव्रता स्त्री भी अपने पति के साथ-साथ शीत-ऊष्मादि के कष्ट सहन करती हुई तपोरत रहने लगी। तपस्या करते हुए उन दोनों को इन्द्र कभी मेष रूप में तो कभी भुजंग रूप में, कभी मेद्य रूप में, तो कभी झंझा रूप में बहुत कष्ट देने लगा। वज्रांग की पत्नी अपने को अकारण कष्ट देने वाले इन्द्र पर रुष्ट होकर ज्यों ही शाप देने को उद्यत हुई त्यों ही ब्रह्माजी प्रकट होकर बोले- वत्स! तुम्हारे पति का तप सफल हो गया है। तुम क्रोध करके उस तप को असफल मन बनाओ। संयम और शांति ही तपस्वियों के आभूषण हैं। इसके उपरांत ब्रह्माजी दैत्य से सम्बोधित होकर बोले- पुत्र! वर मांगो मैं तुम्हारे सभी मनोरथ पूरे कर दूंगा।

ब्रह्माजी को प्रणाम करके वज्रांग बोला- देवाधिदेव। मेरे सारे भाव शुद्ध हो जाएं, तप में रुचि बनी रहे, मेरा शरीर और मेरे लोक अक्षय हों। ब्रह्माजी, 'तथास्तु' कहकर अपने लोक को चले गए और इधर वज्रांग आप्तकाम होकर उपरत हो गया। तप की समाप्ति पर उसे भूख सताने लगी परन्तु उसे अपनी पत्नी कहीं दिखाई न दी। भोजन की इच्छा से जब वह गिरि-गरर में प्रविष्ट हुआ तो उसने अपने हाथों से अपने शरीर को ढके आर्त्तक्रन्दन करती हुई अपनी पत्नी को देखा। पत्नी प्रेम से आश्वस्त करता हुआ वज्रांग बोला- देवि! किस दुष्ट का काल निकट आ गया है कि उसने तुम्हारा अपकार करने का दुस्साहस किया? मुझे उस दुष्ट का नाम शीघ्र बताओ ताकि उसे अपने किए का फल मिल जाए।

करुण क्रन्दन करती हुई वह सती नारी बोली- प्राणेश! दुष्ट इन्द्र ने ही मुझ अभगिन का सतीत्व नष्ट किया है। उसने मेरा इस प्रकार से अपमान किया है कि जैसे मेरा कोई स्वामी ही न हो। मैं तो अब जीना नहीं चाहती परन्तु मरने से पूर्व उस नीच को उसकी नीचता का फल अवश्य देना चाहती हूं, नहीं तो मर कर भी मेरी आत्मा को शान्ति नहीं मिलेगी। स्वामिन! आपने तो ब्रह्माजी से अहिंसा भाव मांग रखा है, अतः आपसे

मेरी प्रार्थना है कि मुझे दुःख और शोक रूपी महासागर से तारने वाला (तारक) एक पुत्र प्रदान करने की कृपा करें। मैं उस पुत्र से इन्द्र का वध कराने के उपरान्त आत्मघात कर लूंगी।

पत्नी के ऐसे वचन सुन वज्रांग को गहरा आघात लगा। वह इन्द्र के वध में समर्थ होने पर भी दैवी भावों के आचरण के संकल्प के फलस्वरूप उस दिशा में प्रवृत्त न हुआ। उसने पुन: तप का आश्रय लिया और उसके तप की सफलता पर ब्रह्माजी प्रकट होकर मधुर वाणी में बोले- वत्स! आप्त काम होकर फिर किसलिए तपोरत हो रहे हो? वस्तुतः एक सहस्र वर्ष तक निराहार रहने से जो फल मिलता है और तुमने पत्नी द्वारा प्रस्तुत उस भोजन को त्याग कर वह फल भी प्राप्त कर लिया है। अब तुम्हारे लिए तो कुछ भी अप्राप्य नहीं। फिर तुम किसलिए तप कर रहे हो?

ब्रह्माजी को प्रणाम करके अत्यन्त विनीत स्वर में वज्रांग बोला- प्रभो! आप तो सर्वज्ञ हैं, आपसे कुछ भी नहीं छिपा। तप से निवृत्त होने पर मुझे पत्नी की व्यथा का ज्ञान हुआ। कौन पुरुष अपनी पत्नी का अपमान सहन कर सकता है? मेरी पत्नी मुझे तो नियम से विचलित नहीं करना चाहती परन्तु मुझसे दुख शोक-सागर से तारक एक पुत्र मांगती है। उसकी मांग उचित है अतः मैं इन्द्रादि सभी देवों के विजेता समर्थ पुत्र की उत्पत्ति के लिए तपोरत हुआ हूं। यदि आप मुझ पर प्रसन्न हैं तो मेरी इच्छा पूरण कीजिए!

ब्रह्माजी ने कहा- पुत्र! तप से कुछ भी दुर्लभ नहीं। तुम्हारे कठोर तप से मैं प्रसन्न हूं। यथासमय तुम्हारे वीर्य को धारण करके तुम्हारी पत्नी अपने जठर से 'तारक' को उत्पन्न करेगी।

तब प्राप्त मनोरथ वज्रांग ब्रह्माजी को प्रणाम करके अपने आश्रम को लौट आया और अपनी पत्नी के साथ आनन्द-विहार और भोग-विलास करने लगा। यथासमय वारागी ने पुत्र को जन्म दिया जिसके गर्भ से बाहर आते ही इधर एक ओर पृथ्वी, समुद्र और पर्वत कांपने लगे, मुनियों के तप में भंग पड़ गया, मृगादि वनचर भयग्रस्त हो उठे, सूर्य, चन्द्र की कान्ति भी फीकी पड़ गई और चारों दिशाओं में अंधकार छा गया तो

उधर दूसरी ओर से महासुर के उत्पन्न होते ही असुर-स्त्रियां नाचने गाने और हर्षोत्सव मनाने लगीं। इन्द्र के साथ सभी देवता जहां विषादग्रस्त हो गए वहां वारांगी हर्षोत्फुल्ल हो उठी।

तारक के बड़ा होने पर कुजम्भ तथा महिषादि असुरों ने उसे असुर महाराज्य पर अभिषिक्त कर दिया। राज्यारूढ़ होने पर तारक अपने साथियों से बोला-हमारा देवों के साथ जातिगत और बद्धमूल वैर है, अत: हमें अपने बाहुबल से देवों को पकड़कर अपने वश में कर लेना चाहिए। बन्धुओं! देवों के पास तप की अप्रतिम शक्ति है अतः मैं भी तपश्चरण द्वारा शक्ति प्राप्त करना चाहता हूं जिससे देवों पर हमारी विजय में किसी प्रकार संदेह न रहे। इस पर असुरों ने विस्मित होकर तारकासुर के मत का समर्थन किया।

तारकासुर पारियात्र गिरि की एक सुरम्य-सुगंधित कन्दरा में आश्रम बनाकर निराहार रहकर तपोरत हो गया। वह पंचाग्नि, जलस्थिति, पत्राहार, वारिभोजन आदि कृतच्छतम तपों के उपरांत अपने ही शरीर से मांस काट-काटकर उसकी अग्नि में आहुति देने लगा। इससे वह शीघ्र ही निमांस हो गया। उसके कठोर तप से उठे तेज से चारों दिशाएं जलने लगीं और सभी देवता भयभीत तथा उद्विग्न हो उठे। इसी बीच प्रसन्न ब्रह्माजी वहां प्रकट हुए और वर देने की इच्छा से उस दैत्य से अपनी मधुर वाणी से बोले-वत्स। तुम्हें अब और अधिक तप करने की कोई आवश्यकता नहीं क्योंकि इस तप से तुम्हारे लिए कुछ भी असाध्य नहीं रहा। तुम अपना अभीष्ट निवेदन करो। ब्रह्माजी के वचन सुनकर उन्हें सादर प्रणाम करके तारक बोला- देवाधिदेव! आप तो अन्तर्यामी और जीवमात्र से अभीष्ट ज्ञाता हैं। हम असुर सुरों से जातिगत बैर रखते हैं। देवों ने हमारी जाति को निर्मूल करने की ठान रखी है अतः मैं अपनी जाति का उद्धर्त्ता बनना चाहता हूं। आप तो मुझे यह वर देने की कृपा करें कि सभी प्रकार के शस्त्रास्त्रों से अवध्य हो जाऊं। इसके अतिरिक्त और कुछ भी मांगने की मेरी इच्छा-रुचि-प्रवृत्ति नहीं है।

ब्रह्माजी बोले- वत्स! उत्पन्न हुए प्राणी की मृत्यु तो अवश्यम्भावी है, अतः सर्वथा अवध्य होने का वर तो नहीं दिया जा सकता। हां, जिससे तुम्हें शंका न हो उससे अपनी मृत्यु मांग लो शेष सभी से तुम अवध्य ही रहोगे। ब्रह्माजी के ऐसे वचन सुनकर तारकासुर विचारलीन त्रो गया और पर्याप्त मंथन के उपरांत बोला-सात दिन के बालक के द्वारा ही मेरा वध हो इससे बड़ी आयु वालों के लिए मैं अवध्य बन जाऊं। तारक के वचन सुनकर ब्रह्माजी ने 'तथास्तु' कहा और अपने धाम को लौट आए और इधर तारक भी लब्धमनोरथ होकर अपने घर लौट आया।

तारकासुर के राज्यासीन होते ही ऋतुएं तथा लोकपाल किसी अनुकूल दास के समान कार्य करने लगे। सूर्य, चन्द्र. वायु, वरुण, अग्नि सेवक के समान अनुकूल आचरण करने लगे। गन्धर्व, अप्सराएं तथा किन्नर आदि भी तारकासुर को अपनी सेवा से प्रसन्न करने में ही अपना सौभाग्य एवं जीवन को सार्थक समझने लगे।

कुछ समय बीतने पर तारकासुर ने अपने सचिवों से कहा- बन्धुओं! यदि हमने स्वर्ग पर आक्रमण करके देवताओं से अपने वैर का प्रतिशोध न लिया तो फिर राज्य करने से लाभ ही क्या है? आज भी देवता यज्ञांश का और विष्णु लक्ष्मी का उपभोग कर रहे हैं तथा देवांगनाएं हमारी कुलवधुओं का अपमान कर रही हैं। इस स्थिति में शत्रुओं की वृद्धि न रोक पाना हमारे लिए लज्जाजनक ही है। जो पुत्र माता-पिता और बंधु-बान्धवों को शोक-मुक्त नहीं करता उसका तो जन्म ही व्यर्थ है। अतः मैं देवविजय के लिए प्रयाण करना चाहता हूं। आप लोग समुचित व्यवस्था करें।

तारकासुर के ऐसे वचन सुनते ही ग्रसन नामक दैत्य ने भेरानाद करके सभी दैत्यों का आह्वान किया और उन्हें युद्ध के लिए सन्दध होने का अपने स्वामी का आदेश सुनाया। असुरों ने अपने सेनानायक तारकासुर के लिए बहुत ही सुदृढ़ और सुरम्य रथ सुसज्जित किया। वह रथ ऐसे लगता था, जैसे कि इन्द्र का विमान हो। चण्डविक्रम, जम्भ, कुजम्भ, महिष, कुन्जर, मेघ, कालनेमि, मथन, जम्भक और शुम्भ जैसे दस महावीर सेनापतियों के नेतृत्व में दस करोड़ दैत्य-सैनिक नाना प्रकार के शस्त्र-अस्त्र से सुसज्जित होकर देव विजय को सोत्साह चल पड़े।

देवदूत वायु ने जब दानव दल को स्वर्गलोक की ओर बढ़ते देखा तो इन्द्र को सूचित किया। इन्द्र ने सूचना पाकर देवगुरु बृहस्पति की ओर देखा और पूछा - गुरुदेव! इस समय दुर्दम्य दानव सेना के साथ कैसा बर्ताव करना चाहिए। विचारशील एवं स्थिर बुद्धि बृहस्पति बोले- देवराज! राजनीति के चार अंग हैं- साम, दाम, दण्ड तथा भेद। दानव-दैत्यों के साथ नाम (शान्ति) वार्ता तो हो ही नहीं सकती क्योंकि देवों और दानवों में जातिगत विद्वेष है। दानव स्वयं शासक एवं श्रीसम्पन्न हैं अतः उन्हें कुछ दे-दिलाकर भी शान्त नहीं किया जा सकता। इनके साथ तो दण्ड का व्यवहार ही उचित है। वस्तुतः दुर्जनों के साथ शान्ति वार्ता यूं भी उपयुक्त नहीं क्योंकि दुष्ट व्यक्ति इसे दूसरों की दुर्बलता समझते हैं। दुर्जनों को तो अपना बल एवं तेज दिखाना चाहिए।

देवगुरु के ऐसे वचन सुनकर इन्द्र ने सभी देवों को सतर्क एवं सम्बोधित करते हुए कहा- हम लोग यग्यभोक्ता और जगत के पालक अत्यन्त सात्विक वृत्ति के संतुष्ट देवता हैं। अकारण ही हमें दानव दुख देने आए हैं। इनके साथ साम-दाम की वार्ता तो की ही नहीं जा सकती, अतः आप लोग सेना को सजाकर युद्ध के लिए सन्द्ध हो जाएं।

इन्द्र के इस आदेश को शिरोधार्य कर देवताओं ने यम को अपना सेनापति बनाया और अपने-अपने शस्त्रास्त्र संभाले। यम भैंसे पर, अग्नि बकरे पर, इन्द्र रथ पर, वरुण शेषनाग पर तथ अन्यान्य देवता अपने-अपने वाहनों पर आरुढ़ होकर तथा अपने-अपने गदा, खड्ग, परशु, वज्र तथा शक्ति आदि आयुध लेकर दैत्यों से भिड़ने के लिए चल पड़े।

देवों और दैत्यों में युद्ध छिड़ गया मारो-काटो की ध्वनियां आकाश में गूंजने लगीं। शस्त्रों की झंकार, अश्वों की हिनहिनाहट तथा शंखभेरी आदि तुर्यों के भेदनाद और शूरवीरों की ललकार से बड़ा हृदय विदारक दृश्य प्रस्तुत हो रहा था। दोनों पक्षों के योद्धा प्राणपण से जूझ रहे थे और एक-दूसरे को पराजित करने की कृत संकल्प दीखते थे। शूरवीरों, सारथियों, अश्वों और गजों पर हो रहे तीव्र आघातों के फलस्वरूप उनके शरीर से रक्त की धारा निकल रही थी। दोनों ओर के योद्धा अपने सामने ही अपने पक्ष के वीरों को भूमि पर लोटता तथा प्राण छोड़ता देख रहे थे।

यम ने ज्यों ही ग्रसन दैत्य को अपने सामने देखा, त्यों ही अपनी तीखे बाणों की उस पर झड़ी लगा दी। ग्रसन ने यम के सारे प्रयास को अनायास की विफल करके उसे हतप्रभ तथा आश्चर्यतकित कर दिया। यम ने निराश भाव से ग्रसन के सारथि पर बड़े ही वेग से मुगदर दे मारा। ग्रसन ने उछल कर उस मुगदर को पकड़ लिया और क्रुद्ध होकर वही मुगदर यम के भैंसे पर दो मारा। यम ने भी उछलकर मुगदर को थाम लिया और इस प्रकार अपने वाहन की रक्षा कर ली और ग्रसन के मुख पर अपनी बर्छी से आघात किया, पर बर्छी के आघात को सहन न कर पाने के कारण ग्रसन धरती पर गिर पड़ा।

ग्रसन को धरती पर गिरता देखकर महापराक्रमी जम्भासुर ने अपने भाले से यम की छाती पर प्रबल प्रहार किया। भाले की चोट से यम के मुख से रक्त बहने लगा। यमराज को व्याकुल देखकर कुबेर हाथ में गदा लेकर अपने सैकड़ों यक्षों के साथ जम्भ की सेना से भिड़ गया।

इस बीच ग्रसन को चेतना आ गई और उसने यम पर अपनी अरिमर्दनी गदा से प्रहार किया। यम ने उस विपुल-सामर्थ्य वाली गदा से संत्रसूत होकर उसे रोकने के लिए अपना दंड दे फेंका। दंड से रुकी हुई गदा आकाश में जाकर गर्जन और जल-वर्षण करने लगी। उस समय समस्त संसार में इस प्रकार भय व्याप्त हो गया, मानो प्रलयकाल उपस्थित हो गया हो। क्षण भर में दण्ड ने गदा को निष्प्रभावी बना दिया और ग्रसन के मस्तक पर प्रहार किया। इस आकस्मिक आघात से ग्रसन की आंखों के आगे अंधेरा छा गया और वह अचेत होकर धरती पर गिर पड़ा।

थोड़ी देर में ज्यों ही ग्रसन सचेत हुआ त्यों ही उसे बोध हुआ कि उसकी दुर्दशा से तो उसकी समूची सेना हतोत्साहित हो जाएगी। उसे तो अपनी सेना को साहस बंधाने के लिए अपना अद्भुत कौशल दिखाना चाहिए। यह सोचकर अपने होंठों को काटते हुए ग्रसन ने कालदण्ड स्वरूप अपना मुगदर बड़े ही वेग से यम पर फेंक मारा। यम ने बड़ी ही सावधानी, स्फूर्ति और बुद्धिमत्ता से उछलकर मुगदर का लक्ष्य बनने से अपने का बचा लिया। यम को सुरक्षित देखकर ग्रसन क्रोधान्ध हो गया और उसे निर्दयता से यम की सेना को पीसना आरम्भ कर दिया। ग्रसन ने यम सेना के वीरों में

से किसी को गदा से और किसी को मुगदर से पीस डाला। ग्रसन ने किसी को उठाकर आकाश में फेंक दिया और किसी को वह धरती पर पटकनियां देने लगा। इस पराक्रम में वीर ग्रसन भी थोड़ा थक-सा गया।

अपनी सेना को इस प्रकार हताहत और ग्रसन दैत्य को श्रान्त देखकर यम अपना दण्ड लेकर उसके सामने आ गया। ग्रसन ने यम को सामने देखकर उसकी छाती पर अपनी गदा से गहरा आघात किया। ग्रसन के भारी आघात की उपेक्षा करते हुए यम ने उलटे उसके सारथि, रथ और अश्वों को नष्ट-भ्रष्ट कर दिया। तब ग्रसन अपनी दोनों भुजाओं से यम को पकड़ लिया और अपनी पटकनियां देने लगा। यम ने भी अपने शस्त्र छोड़ दिए और अपनी भुजाओं के प्रहार से वह उस दैत्य को व्यथित करने लगा। ग्रसन ने यम को पकड़कर उसे चारों ओर ऐसा घुमाया कि उसकी आंखों के आगे अंधेरा छा गया। तब यम ने भी अपनी दोनों भुजाएं ग्रसन के गले में डालकर उसे ऐसा दबाया कि उसके नेत्रों से अश्रु निकल आए। इसके उपरांत वे दोनों एक-दूसरे पर मुष्टि-प्रहार करने लगे। ग्रसन दैत्य के विशालकाय होने के कारण यम की भुजाएं थक गईं और वह अपना मुख दैत्य के कन्धे पर रखकर थोड़ा सुस्ताने लगा। यम को थका-हारा देखकर ग्रसन ने उसे धरती पर पटक कर मुक्कों से इतना पीटा कि उसके मुंह से बहुत सारा रक्त निकलने लगा। यम को निर्जीव देखकर ग्रसन ने उसे छोड़ दिया और अपनी विजय का तूर्य बजाया।

इधर जम्भासुर और कुबेर में धमासान युद्ध छिड़ गया। जब जम्भ ने अपने मर्मभेदी बाणों से देव सैनिकों को हताहत करना प्रारम्भ किया तो क्रुद्ध कुबेर ने जम्भ पर अपने सहस्रों बाणों की झड़ी लगाकर उसके रथ, ध्वज तथा सारथि और अश्वों को नष्ट-भ्रष्ट कर दिया। कुबेर के इस अद्भुत पराक्रम को देखकर रोषाविष्ट दानव थोड़ा घबराए और जम्भ ने धैर्य धारण करते हुए कानों तक धनुष को खींचकर इतने वेग से बाण छोड़े की कुबेर का सारथि नामशेष हो गया और कुबेर के धनुष की डोरी ही टूट गई। अब जम्भासुर ने कुबेर की छाती में तीखे बाणों से ऐसा प्रबल प्रहार किया कि कुबेर क्षण-दो क्षण के लिए विमोहित हो गया, पर स्वस्थ होते ही कुबेर ने पृथ्वी,

आकाश और दिशाओं को अपने तीखे बाणों से भर दिया। इधर जम्भासुर ने भी उतनी ही तीव्रता से कुबेर के समस्त बाणों को छिन्न-भिन्न कर दिया और अपनी विजय का डंका पीटने लगा।

तारकासुर और देवों के युद्ध में तारकासुर ने देवों को बन्धन में डालकर अपने पुर में लाकर द्वारपाल बना दिया। यद्यपि देवता अपनी इस दशा पर बहुत दुःखी हुए और संतप्त रहते थे उनके पास इसके अतिरिक्त और कोई चारा नहीं था। वे एक बार ब्रह्माजी से मिलने गये तो ब्रह्माजी ने उनसे कहा कि तुम किस तरह विलाप कर रहे हो और ऐसे बोल रहे हो जैसे कोई विधवा स्त्री बोलती हो। तुम अग्नि हो और यमराज हो और बड़ी शक्ति के मालिक हो फिर भी एक असुर से पराजित हो गये, यह बहुत दुःख की बात है। तुम एकत्रित हो जाओ, संगठित हो जाओ और तारकासुर पर आक्रमण कर दो। देवताओं ने यह सुना तो अपनी असमर्थता प्रकट की। इस पर ब्रह्माजी ने कहा कि तुम्हें अभी बहुत समय तक इसी प्रकार रहना होगा क्योंकि तारकासुर को मारने वाला अभी पैदा नहीं हुआ है। तारकासुर ने बहुत तप किया है और मुझसे वरदान प्राप्त किया।

तारकासुर तो अमरता का वरदान प्राप्त करना चाहता था किन्तु ऐसा हो नहीं सकता, कोई प्राणी शरीर धारण करे और मृत्यु को प्राप्त न हो। इसलिए मैंने उसे वरदान दिया कि केवल सात दिन का बालक ही उसे मार सकेगा, अभी तक वह बालक उत्पन्न नहीं हुआ है क्योंकि वह भगवान् शंकर के वीर्य से उत्पन्न होने वाला बालक होगा और शंकर जी ने अभी तक विवाह भी नहीं किया। इसलिए अनुकूल समय के आने से पहले तुम्हें इसी रूप में रहना होगा।

देवताओं ने ब्रह्माजी की बात ध्यान से सुनी और वे वहां से चले गये। इधर ब्रह्माजी देवताओं के कल्याण की कामना से भरकर बहुत चिंतित हुए और उन्होंने रात्रि को अपने पास बुलाया। रात्रि बहुत पहले उनके ही शरीर से उत्पन्न हुई थी। उन्होंने रात्रि से कहा, हे पुत्री! देवों के लिए आपको एक बहुत बड़ा कार्य करना है। तारकासुर देवों के लिए एक बहुत बड़ा संकट बना हुआ है। उसके विनाश के लिए भगवान् शंकर को एक पुत्र उत्पन्न करना होगा। प्राचीन काल में दक्षपुत्री भगवान् शंकर पत्नी थी, जिसने

कारण-विशेष से आत्म-दाह कर लिया था। उसी ने अब पुनः हिमालय के घर पुत्री रूप में उत्पन्न होना है। इधर शिवजी पत्नी के वियोग से व्यथित होकर और संसार को असार मानकर हिमालय की कन्दरा में तपस्यालीन हैं। तुम हिमालय के घर जाकर उसकी पत्नी मैना के जठर में प्रविष्ट हो जाओ और पार्वती के रूप में जन्म लेकर भगवान् शंकर की वीर्य को धारण करो तथा अपने गर्भ से बालक को जन्म देकर देवों का उद्धार करो। ब्रह्माजी से यह बात सुनकर रात्रि उनका कार्य करने लिए तैयार हो गई क्योंकि उसे उनकी आज्ञा माननी ही थी। किन्तु इसके आगे भी ब्रह्माजी ने कहा कि जब तक शंकर और पार्वती का संयोग होकर कुमार की उत्पत्ति नहीं होती तब तक तुम देवताओं के मन में अंधकार फैलाओ। उनके मन में ऐसे भाव जागृत करो जिससे वे विषयों में लीन होकर विनाश के गड्ढे में जा गिरें।

ब्रह्माजी की आज्ञा लेकर रात्रि वहां से चली आई और जैसे ही उसे अवसर मिला वह मैना के मुख में प्रविष्ट हो गई और उसकी कोख में जा पहुंची। कुछ समय बाद मैना ने एक सुन्दर कन्या को जन्म दिया जैसे ही यह कन्या उत्पन्न हुई चारों तरफ सुन्दर वातावरण छा गया और सभी ऋषि मुनि इस हर्ष के प्रभाव को अनुभव करके हिमालय को बधाई देने लगे। इधर यह स्थिति थी और उधर धीरे-धीरे मैना की कन्या युवती होती गई। जब वह युवती हो गई तो देवराज इन्द्र ने नारदजी को बुलाकर कहा कि आप हमारी सहायता कीजिए। नारदजी का स्वागत करने के बाद इन्द्र ने कहा कि आप हमारी अवस्था जानते हैं। हमारी जो दुर्दशा हो रही है वह कैसे समाप्त होगी यह भी आप जानते हैं।

मैना की कन्या पार्वती युवती हो रही है और शिवजी अपनी तपस्या में लीन हैं। आप कुछ ऐसा कीजिए जिससे शिव और पार्वती का विवाह हो सके।

नारदजी ने देवताओं की बात ध्यान से सुनी और वे उन्हें आश्वासन देकर हिमालय के घर पर आये। हिमालय से आदर भाव पाकर और सत्कार पाकर नारदजी बहुत प्रसन्न हुए। थोड़े समय में जब कि वह बात कर रहे थे हिमालय की पत्नी मैना वहां आ गई और फिर पार्वती भी उनके पास पहुंच गई। नारदजी ने पार्वती को आशीर्वाद दिया

और बोले कि यह बालिका तो ऐसी है जैसे कि इसको पति की प्राप्ति ही नहीं होगी। यह बात सुनकर हिमालय और मैना दोनों को बहुत दुःख हुआ और वह अपने आखों में आंसू भर कर नारदजी से कहने लगे कि हे भगवान्! कन्या का विवाह न होना तो माता-पिता के लिए असीम कष्ट और असह्य दुःख का कारण होता है। आपने अभी जो कुछ कहा है, वह तो सर्वथा अयुक्त है क्योंकि कन्या के जीवन की सफलता ही पति-प्राप्ति में है। गुणरहित पति वाली स्त्री अप्राप्त पति वाली स्त्री से कहीं अधिक सुखी और सौभाग्यशालिनी होती है। पति न मिलने से तो निर्धन, मूर्ख, निरक्षर सभी लक्षणों से रहित पति का मिलना ही उत्तम है। आपने जो अभी कहा है कि इस बालिका का पति उत्पन्न ही नहीं हुआ है-यह तो अत्यंत दुर्भाग्यपूर्ण है। हे मुनिश्रेष्ठ! मेरा मूल मन अत्यंत व्याकुल हो रहा है, मुझे वास्तविकता से परिचित कराइए।

हिमालय को घबराया हुआ देखकर नारदजी ने कहा कि आप मेरी बात को ठीक तरह से नहीं समझे। मेरे कहने का अर्थ है कि कोई भी सामान्य शरीरधारी इस कन्या का पति नहीं हो सकता। जिनके हाथ में जरा मृत्यु, सुख-दुख, जन्म आदि के बन्धन हैं और जो स्वयं इससे मुक्त हैं वह महादेव ही इनके पति हो सकते हैं। यह लड़की महादेव से विवाह करके लोक माता का गौरव प्राप्त करेगी।

हिमालय से यह सब कुछ कहकर नारदजी सीधे इन्द्र के पास गए और उनसे अपनी बात कही। नारदजी ने उनके सामने यह स्पष्ट किया कि हिमालय तो मान गया है कि अपनी कन्या का विवाह महादेव से कर दे लेकिन महादेव को कैसे मनाया जाए। उनको मनाने के लिए कोई उपाय करना होगा।

इन्द्र ने नारदजी का कथन सुनकर अपने मित्र कामदेव को याद किया क्योंकि वे उसकी सहायता से शिवजी के मन में काम उत्पन्न करके विवाह के लिए तैयार करना चाहते थे। जब कामदेव आ गये तो इन्द्र ने उनसे कहा कि मेरा एक ही काम है कि तुम किसी तरह पार्वती के मन में जिस प्रकार शंकर के प्रति भक्ति भाव है और वे उसे पति के रूप में पा सकती हैं, उसी तरह तुम उनके मन में पार्वती के प्रति प्रेम का भाव जागृत कर दो।

इन्द्र की बात सुनकर कामदेव ने कहा कि तुम तो जानते हो वह कैसे हैं। वह बहुत जल्दी प्रसन्न हो जाते हैं और बहुत जल्दी गुस्सा करते हैं। यदि मैं अपनी सामग्री को भगवान् शिव पर उपयोग करूं तो भी मुझे नहीं लगता कि मैं उनके मन को कामासक्त कर पाऊंगा। बड़े लोगों का प्रसाद जितना अच्छा होता है उससे ज्यादा बुरा उनको क्रोध होता है। यह सुनकर इन्द्र ने कहा कि तुम चिंता मत करो हम बस तुम्हारे साथी रहेंगे। इन्द्र के इन शब्दों को सुनकर कामदेव अपनी व्यूह रचना करके शंकर जी के पास पहुंचे और कान के रास्ते से उनके हृदय में प्रवेश कर गये। शिवजी के मन में धीरे-धीरे प्रेम का भाव पैदा होने लगा था लेकिन उन्होंने अपनी योग माया से उससे मुक्ति पा ली। फिर कामदेव ने अपने बाणों का प्रयोग किया और मोहन बाण छोड़ा। शिवजी के मन में फिर से प्रेम का भाव पैदा होने लगा और उन्हें जब वास्तविकता का पता चला तब उन्होंने अपने तीसरे नेत्र से अग्नि निकालकर कामदेव को भस्म कर दिया। अपने पति को भस्म हुआ देखकर रति ने बहुत विलाप किया और शंकर जी के पास गयी। पहले तो उसने शंकर जी को प्रसन्न करने के लिए पूजा की और फिर अपने पति के प्राण मांगे। किन्तु महादेवजी ने कहा कि अब तुम्हारा पति चिरंजीवी और सौन्दर्य देवता तो होगा लेकिन वह अनंग कहलाएगा।

यह सुनकर रति को बहुत दुःख हुआ और वह वन में जाकर रोने लगी। जब हिमालय ने उससे पूछा कि तुम क्यों रो रही हो और यह भी कहा कि अपना परिचय बताओ तो रति ने कहा कि मैं कामदेव की पत्नी रति हूं। शिवजी ने मेरे पति को भस्म कर दिया है और जब मैं उनके पास गई तो उन्होंने कहा कि मेरा पति समय आने पर मुझे मिलेगा। मैं इसीलिए अपने शरीर को नहीं त्याग पा रही हूं।

हिमालय ने जब यह सुना तो अपने भाग्य को सम्बोधित करते हुए अपनी पुत्री को लेकर वापस लौट आया और उन्होंने सोचा कि अब इसका विवाह क्या करना? किन्तु उमा के मन में दृढ़ निश्चय देखकर उसे तप करने की आज्ञा दे दी। पुत्री के संकल्प को देखकर जैसे ही हिमवान ने उसे तप करने के लिए स्वीकृति दे दी वैसे ही उसने तप करना आरम्भ कर दिया।

पार्वती की परीक्षा के लिए कुछ मुनि उनके पास गये और उनसे पूछा कि तुम यह क्या कर रही हो, तो पहले तो पार्वती ने उनका सम्मान किया और आसन पर बिठाया फिर संकोचपूर्वक उसने अपनी बात कही किन्तु मुनियों ने पार्वती से कहा कि यह तुम्हारा प्रयास विफल हो जायेगा क्योंकि जिसने काम को ही जला दिया है वह भला कामुक कैसे होगा। तुम किसी अन्य देवता को चुन लो। यह बात सुनकर पार्वती बहुत नाराज हुईं और उसने क्रोधित होता हुए मुनियों से कहा-क्या आप लोग भगवान् शंकर की महिमा से परिचित नहीं हैं? मुझे तो ऐसा लगता है कि या तो आप मुनिवेश में अवांछनीय व्यक्ति हैं अथवा आप लोग जानबूझकर नाटक कर रहें हैं? आप ही बताइये अग्नि, सूर्य, चन्द्र, वायु तथा वरुण आदि देवता किसके शासन में रहते हैं? नारायण भी तो अदिति और कश्यप से उत्पन्न हुए हैं। इस संसार में एकमात्र जन्म-मरण से रहित लोक लोकेश्वर तो भगवान् शंकर ही हैं उन्हें छोड़कर मुझे आप लोग अन्य देवों के वरण के लिए क्यों कह रहे हैं? क्या आप मुझे इतनी मूर्ख समझते हैं कि आपके कहने से मैं स्वामी को छोड़कर सेवक की कामना करने लग जाऊंगी। मुझे शंकरजी के सिवाय और किसी से कुछ लेना-देना नहीं है। ऋषियों ने जब उमा के मन में शिवजी के प्रति इतना दृढ़ निश्चय देखा तो उसे आशीर्वाद दिया और शिवजी के पास पहुंचे। वहां पर उन्होंने शिवजी की स्तुति प्रारम्भ की और जब उन्होंने मुनियों के आने का कारण पूछा तो शिवजी से मुनियों ने कहा कि आपको मालूम है कि हिमालय की पुत्री आपको पाने के लिए कठोर तप कर रही है और आप भी देवताओं के कल्याण के लिए उसका वरण करें। मुनियों की बात सुनकर शिवजी ने अपनी स्वीकृति दे दी।

इसके उपरांत मुनि हिमालय के पास पहुंचे और उससे कहा कि तुम्हारा सौभाग्य जाग गया है। भगवान् शिव ने तुम्हारी पुत्री का हाथ मांगा है, तुम बहुत जल्दी ही अपनी बेटी का विवाह शिवजी से करो और यशस्वी बनो। मुनियों के मुख से यह बात सुनकर हिमालय बहुत प्रसन्न हुआ और उसने कहा कि हे मुनियो! आपकी कृपा से ही यह कार्य हो रहा है लेकिन मेरी पुत्री वर-प्राप्ति के लिए कठोर तप कर रही है, उससे भी तो पूछना होगा।

यह सुनकर मुनियों ने कहा कि यह उचित है कि लड़की से पूछना चाहिए किन्तु यहां तो पता ही है कि वह क्या चाहती है फिर भी चलिए हम उससे पूछ लेते हैं।

हिमालय उमा के पास मुनियों को साथ लेकर पहुंचे तब मुनियों ने उनसे कहा अब तुम अपना शरीर मत सुखाओ भगवान् शंकर प्रसन्न हो गये हैं और जल्दी ही तुमसे विवाह करेंगे। तुम्हारे पिता ने तुम्हारी इच्छा को सबसे ऊपर मानकर शिवजी से विवाह करने का निश्चय किया है। तुम अब अपने घर चलो। उमा ने ऋषियों के यह वचन सुने तो यह अनुभव किया कि उसका तप सफल हो गया है, वह अपने घर आ गई। दूसरे दिन उसे विवाह के लिए तैयार किया गया समुद्र, यक्ष, गन्धर्व आदि ने मिलकर उसे संवारा और उधर देवताओं ने महादेवजी का भी श्रृंगार किया।

शिवजी बारात लेकर हिमालय के घर पहुंचे और विधिवत वर-वधू का विवाह हुआ। शिवजी विवाह के उपरांत उमा को लेकर कैलाश पर्वत पर आ गये और वहां उसके साथ निवास करने लगे। वे दोनों सुन्दर प्राकृतिक छटा में घूमते और विहार करते रहे। इस प्रकार बहुत समय बीत गया। तो एक दिन शिवजी ने अपने द्वारपाल वीरक की बहुत प्रशंसा की और कहा कि वह मेरे पुत्र के समान है। जब पार्वती के मन में भी पुत्र की भावना पैदा हुई तो शिवजी ने उनसे कहा कि इससे पहले कि योगीपुत्र उत्पन्न हो तुम वीरक को ही अपना पुत्र मान लो। पति की बातों को सुनकर पार्वती ने वीरक को अपनी गोद में तो बिठा लिया लेकिन पूरा संतोष उन्हें नहीं हुआ।

इसी तरह दिन बीतते गये और एक दिन शिवजी ने हंसी-हंसी में अपने सौन्दर्य का वर्णन करते हुए पार्वती को श्यामली कह दिया। पार्वती इस पर नाराज हो गई और जब उनको शिवजी ने शांत करना चाहा तो भी वह शांत नहीं हुई। इसके विपरीत उन्होंने अपने श्यामलत्व को गौर वर्ण में बदलने के लिए कठोर तप करने का निश्चय किया और अपने पति का घर को छोड़कर सुन्दर प्राकृतिक स्थान में तप करने लगीं।

पार्वती को इस प्रकार तप करते हुए जानकर अंधकासुर का पुत्र आड़ि अपने पिता का बदला देने के विषय में विचार करने लगा। उसने सोचा कि वह शंकरजी का अकेले में वध करेगा। उसने बहुत तपस्या की और ब्रह्माजी से यह वरदान पाया कि जब वह

कोई रूप बदलेगा तभी उसकी मृत्यु होगी। इससे आड़ि ने यह समझा कि मैं अमर हो गया हूं। यह आड़ि ही तपस्या में रत शंकर भगवान् से बदला लेने की भावना लेकर आया।

जब आड़ि शंकरजी के द्वार पर आया तो उसने वीरक को रक्षक के रूप बैठे हुए देखा। उस समय उस दैत्य ने वीरक की दृष्टि से बचकर आश्रम के भीतर प्रविष्ट होने की इच्छा से भुजंग का रूप धारण कर लिया और द्वार के छिद्र से भीतर पहुंच गया। भीतर पहुंच कर आड़ि ने भुजंग का रूप छोड़कर सुरूपा, सुभषिता, सर्वांग-सुन्दरी पार्वती का रूप बना लिया। शिवजी ने उस दैत्य को अपनी प्राणप्रिया पार्वती समझते हुए उसका आलिंगन कर लिया। पार्वती का स्वागत करते हुए शिवजी ने उसकी अनुपस्थिति में समय बिताना बड़ा ही कष्टकर बताया और उसका निहोरा करते हुए उससे वहां रहने तथा अब पुनः उन्हें छोड़कर न जाने का उससे बार-बार अनुरोध किया। उनकी बात को सुनकर पार्वती ने कहा कि मैं आपके ही भाव को देखकर अपना तप छोड़कर आ गई हूं, यह बात सुनते ही शिवजी के मन में संदेह पैदा हुआ और उन्हें वास्तविकता का पता चल गया। उन्होंने अपने वज्रास्त्र से उस राक्षस को मार दिया। इधर दूसरी ओर तप करते हुए पार्वती के पास ब्रह्माजी आये और उससे वर लेने के लिए कहा।

ब्रह्माजी की बात सुनकर पार्वती ने कहा कि मैंने तपस्या करके शंकर को प्राप्त किया है और वह मुझे काली कहकर अपने सौंदर्य को अधिक समझते हैं आप मुझे गौरवर्ण बना दीजिएगा। यह सुनकर ब्रह्माजी ने पार्वती का रूप सुन्दर कर दिया और उन्होंने कहा कि मैंने तुम्हारे साथ घंटा, त्रिशूल, मुद्गर दे दिये हैं और तुम्हारे क्रोध से उत्पन्न सिंह को तुम्हारे वाहन के रूप में दे रहा हूं और यह पांचाल रूपी यक्ष तुम्हारा दास रहेगा अब तुम जाओ।

जब पार्वती अपने पति के घर पहुंची तो उनका रूप सौन्दर्य बदला हुआ होने के कारण वीरक ने उन्हें अन्दर नहीं जाने दिया। उसने पार्वती से कहा कि मैं आपको अन्दर नहीं जाने दूंगा क्योकि अनेक दैत्य पार्वती का रूप धारण करके भगवान् से मिलने

जाना चाहते हैं। पार्वती ने वीरक को ठीक ठाक बात समझाई और कहा कि मैं ही उनकी वास्तविक पत्नी हूं, मैं तपस्या करके सुन्दर वर्ण वाली हो गई हूं मैं ही तुम्हारी मां पार्वती हूं। जब वीरक ने यह सुना तो वह भी अपनी माता को पहचान गया और उन्हें अन्दर जाने दिया। पार्वती को प्राप्त करके शिवजी आनन्दपूर्वक विलास करने लगे। शिवजी का विलास करते हुए एक सहस्र वर्ष व्यतीत हो गये और जब कोई संतान नहीं हुई तो उधर देवताओं को चिंता हुई तो देवों ने अग्नि का दूत बनाकर भेजा। अग्नि शुक का रूप बनाकर जाल के छिद्र से शिव पार्वती के रति भवन में पहुंच गये। जब शिव और पार्वती भोग-विलास में रत थे तो उसी समय शुक के मुख से ध्वनि निकल गई जिसे अपने आनन्दोपभोग में विघ्न मानते हुए शिवजी ज्यों ही उसे शाप देने को प्रस्तुत हुए त्योंही अग्नि अपने वास्तविक रूप में आकर करबद्ध होकर देवों के अभीष्ट को निवेदन करने लगा। इस बीच शिवजी का वीर्य निकल गया जिसे अग्नि ने अपने जठर में धारण कर लिया परन्तु वह वीर्य उसके पेट को फाड़कर बाहर निकल आया। तब देवों ने विचार करके उस वीर्य को शंकरजी के आश्रम के सरोवर में डाल दिया। जिससे एक अत्यन्त प्रभापूर्ण कमल उत्पन्न हुआ। एक दिन पार्वती उस सरोवर पर गई तो उस अद्भुत प्रभा वाले कमल को देखकर वह उसके प्रति आकृष्ट हुए बिना न रह सकीं। उसने उस कमल के ऊपर सुशोभित जल का पान किया जिसके फलस्वरूप शिवजी का अमोघ वीर्य देवी की दाहिनी कोख में पहुंच गया और यथा-समय चैत्र कृष्ण पंचमी के दिन सूर्य के समान ज्योति वाला षडानन नामक एक बालक उत्पन्न हुआ। उस तेजस्वी बालक के अन्य अनेक प्रसिद्ध नाम इस प्रकार थे- स्कन्द, विशाख, षडवक्त्र तथा कार्तिकेय आदि। सभी देवों ने उसका इस प्रकार से अभिनन्दन किया-

नमः कुमाराय महाप्रभाय स्कन्दाय च स्कन्दित दानवाय।
नवार्क विद्युघद्युतये नमोस्तु नमोस्तु ते षष्मुख कामरूप

देवों ने अपने-अपने शास्त्रास्त्र षडानन को समर्पित कर उनसे सेनापतित्व ग्रहण करने और तारकासुर के उत्पातों से मुक्ति दिलाने का अनुरोध किया। षडानन द्वारा देवों की प्रार्थना को स्वीकृति देते ही चारों ओर हर्ष का वातावरण छा गया।

इन्द्र ने उसी समय तारकासुर के पास अपना दूत भेजा जिसने जाकर कठोर वाणी में कहा कि तुम्हारा स्वामी इन्द्र तुम्हें बुला रहा है। दूत के मुख से स्वामी शब्द सुनते ही तारकासुर जल भुन गया और उसने इन्द्र का अपमान करते हुए दूत को वापस भेज दिया।

दूत के चले जाने पर तारकासुर ने सोचा कि इन्द्र को अवश्य कोई नया आश्रय मिल गया है अन्यथा वह इस प्रकार का दुस्साहस न करता। इस बीच दैत्यराज ने स्वर्गलोक से देवों की सेना को आता हुआ देखा और थोड़ी देर में ही उसने **"विशाख प्रभु की जय" "स्कन्द महाराज की जय" "षडानन भगवान की जय"** जैसे जयघोष सुने।

एक बालक को सेनापति देखकर उसे ब्रह्माजी के बालक द्वारा अपनी मृत्यु होने के वचन स्मरण हो आए। इससे तारकासुर थोड़ा-सा खिन्न और चिंतित तो हुआ परन्तु फिर भी उसने धैर्य न छोड़ा। तारकासुर पैदल ही अपने भवन से निकलकर बाहर आ गया और उसने कालनेमि, प्रभृति दैत्यों को अपनी सेना सजाने का आदेश दिया। षड् मुख जी को देखकर तारकासुर बोले- वत्स! अभी तो तुम बहुत छोटे हो। तुम्हारी अवस्था गेंद खेलने की है, युद्ध करने की नहीं। तुमने दानवों की शक्ति को नहीं देखा है। इन स्वार्थी देवों ने तुम्हें बहका दिया है और तुम भी अबोध बालक होने के कारण सम्पूर्ण स्थिति का सही परिप्रेक्ष्य में समझने में असमर्थ हो। मैं तुम्हारे हित के लिए यह सब तुम्हें कह रहा हूं। तारकासुर के वचन सुनकर षडानन जी बोले- दानवराज! युद्धक्षेत्र में शस्त्रों से बात होती है, शास्त्र-चर्चा नहीं की जाती। तुम मुझे बालक समझते हो। अरे! मैं तुम्हारा काल हूं जिस प्रकार बालसूर्य और अल्पाक्षर मन्त्र अमित महिमामय होते हैं, उसी प्रकार मैं आयु में अल्प होने पर भी सामर्थ्य में विशाल हूं। तुम मेरी नहीं, अपने प्राणों की चिन्ता करो। षडानन के दर्पपूर्ण वचनों को सुनते ही तारकासुर ने उस पर मुद् गर से प्रहार किया तो इधर षडानन ने अपनी गदा से तारकासुर पर ऐसा तीखा प्रहार किया कि वह अपने को संभाल ही न सका और एकदम कांपने लगा। प्रथम प्रहार में

अपनी यह दशा देखकर तारकासुर को अपनी मृत्यु के सन्निकट होने का विश्वास हो गया, पुनरपि वह साहस जुटाकर युद्ध में प्रवृत्त हो गया। तारकासुर को क्षुब्ध देखकर कालनेमि आदि दैत्यों ने कुमार को घेर लिया और उन पर वे अत्यन्त तीक्षा प्रहार करने लगे। देवों ने दैत्यों के सारे प्रहार अपने शरीरों पर झेल लिये जिससे कुमार को आंच तक न आई। तब देवों को व्यथित देखकर कुमार ने प्राणान्तकारी बाणों से दैत्यों पर प्रहार किया, जिससे कालनेमि आदि प्रमुख दैत्य अत्यंत विचलित होकर रण से विमुख हो गये।

दैत्यों को हताहत, हतोत्साहित और युद्ध से उदासीन देखकर तारकासुर ने अपनी दिव्य गदा को हाथ में लेकर कुमार और उनके वाहन पर ऐसा उग्र प्रहार किया कि कुमार का वाहन घबड़ाकर युद्ध में विमुख हो गया। कुमार ने तत्काल दिव्य शक्ति अपने हाथ में पकड़ी और उसे आभिमन्त्रित करके तारकासुर की ओर फेंक दिया। उस शक्ति के लगते ही दैत्यराज तारकासुर की वज्र के समान कर्कश छाती फट गई, मुकुट गिर पड़ा, भूषण स्खलित हो गये और अन्ततः वह दैत्य नामशेष हो गया।

तारकासुर के पृथ्वी पर गिरते ही सारे के सारे दैत्य हतोत्साहित होकर युद्ध से भाग खड़े हुए और इधर देव सेना में हर्षोल्लास छा गया। सभी देवता कार्तिकेयजी का अभिनन्दन करके स्वर्गलोक को चले गये। देवों से पूजित होकर स्कन्द और गणेशजी अपने धाम को लौट आएं।

श्री गणेश सहस्रनामावली

1. गणेश्वर
2. गणक्रीड:
3. गणनाथ:
4. गणाधिप:
5. एकदंष्ट्र
6. वक्रतुण्ड
7. गजवक्त्र:
8. महोदर:
9. लम्बोदर:
10. धूम्रवन:
11. विकट:
12. विघ्ननायक
13. सुमुख:
14. दुर्मुख
15. बुद्ध:
16. विघ्नराज:
17. गजानन:
18. भीम:
19. प्रमोद:
20. आमोद:
21. सुरानन्द:
22. मदोत्कट:
23. हेरम्ब:
24. शाम्बर:
25. शम्भ:
26. लम्बकर्णो:
27. महाबल:
28. नन्दन:
29. अलम्पट:
30. अभीरू:
31. मेघनाद:
32. गणंजय:
33. विनायक:
34. विरूपाक्ष:
35. धीर:
36. शूर:
37. वरप्रद:
38. महागल (ण) पति
39. बुद्धिप्रिय:
40. क्षिप्रप्रसादन:
41. रुद्रप्रिय:
42. गणाध्यक्ष:
43. उमापुत्र:
44. अघनाशन:
45. कुमार
46. गुरु
47. ईशान पुत्र
48. मूषक वाहन:

49. सिद्धिप्रिय:
50. सिद्धिपति:
51. सिद्ध:
52. सिद्धि विनायक:
53. अविघ्न स्तुम्बुर:
54. सिंह वाहन:
55. मोहिनी प्रिय:
56. कंकट:
57. राजपुत्र:
58. शालक:
59. सम्मित:
60. अमित:
61. कूष्माण्डसामसम्भूति:
62. दुर्जय:
63. धुर्जय:
64. जय:
65. भूपति
66. भुवनपति
67. भूतानापतिर्व्यय
68. विश्वकर्ता
69. विश्वमुखो
70. विश्वरूप:
71. निधि
72. घृणि
73. कवि
74. कविनानृषभो:
75. ब्रह्मण्य
76. ब्राह्मणस्पति:
77. ज्येष्ठपति
107. खण्डेन्दुकृतशेषर:

78. निधिपति:
79. निधिप्रियपति:
80. प्रिय:
81. हिरण्यमय:
82. पुरान्त:
83. स्थ:
84. सूर्यमण्डल मध्यम:
85. कराहतिध्वस्तसिंधु सलिल:
86. पूषदंतभित्
87. उमांग्डकेलिकुतकी:
88. मुक्तिद:
89. कुल पालन:
90. किरीटी
91. कुण्डली
92. वनमाली
93. मनोमय:
94. वैमुख्यहतदैत्य श्री:
95. पादाहतिजितक्षिति:
96. सद्योजातस्वर्णमुंजमेखली
97. दुर्निमित्तहृत
98. दुःस्वप्नहृत
99. प्रसहन:
100. गुणी
101. नादप्रतिष्ठित:
102. सुरूप:
103. सर्वनेत्राधिवास:
104. वीरासनाश्रय:
105. पीताम्बर:
106. खण्डरद:
138. स्वर्धुमीभव:

108. चित्रांक:
109. श्यामदशन:
110. भालचन्द्र:
111. चतुर्भुज:
112. योगाधिप:
113. तारकस्थ
114. पुरुष:
115. गजकर्णक:
116. गणाधिराज:
117. विजयास्थिर:
118. गजपतिध्वजी

119. देवदव:
120. स्मरप्राणदीपक:
121. वायुकीलक:
122. विपश्चिदूरद:
123. नादोन्नादभित्रबलाहक:
124. वराहदन:
125. मृत्युंजय:
126. व्याघ्रजिनाम्बर:
127. इच्छाशक्तिधर:
128. देवत्राता
129. दैत्यविमर्दन:
130. शम्भुवक्त्रोदभव:
131. शम्भुकोपहा
132. शम्भुहास्यभू:
133. शम्भुतेजा:
134. शिवाशोकहारी
135. गौरी सुखवह
136. उमाग्डंमलजो
137. गौरीतेजोभू:
169. किनरमानुष रक्ष:
170. पृथ्वीकटि:
171. सृष्टिलिंग

139. यज्ञकाय:
140. महानाद:
141. गिरिवर्ष्मा
142. शुभानन:
143. सर्वात्मा
144. सर्वदेवात्मा
145. ब्रह्ममूर्धा
146. ककुपश्रुति:
147. ब्रह्माण्डकुम्भश्रिद्धयोमभाल:
148. सत्यशिरोरूह:
149. जगज्जनमलयोन्मेषगन्यर्क- सोमदृक

150. गिरिन्द्रैकरदो
151. धर्माधर्मोष्ठ:
152. समबृंहित:
153. ग्रहर्क्षदशन:
154. वाणीजिह्व
155. वासवनासिक:
156. कुलाचलांस:
157. सोमार्कघण्ट:
158. रूद्रशिरोधर:
159. नदीनदभुज:
160. सर्वांगलीक:
161. तारकानख:
162. भ्रूमध्यसंस्थितकर:
163. ब्रह्मविद्यामदोत्कट:
164. व्योमनाभि
165. श्रीहृदय:
166. मेरूपृष्ठ:
167. अर्णवोदर:
168. कुक्षिस्थयक्षगन्धर्व:
198. स्फुरदुग्रासनाश्रय
199. तेजीवती शिरोरत्नं
200. सत्यानित्यावतंसित:

172. शैलोरूर्दस्त्रजानुक:
173. पातालजड्घ:
174. मुनिपात्कालांगुष्टस्त्रयी तनु:
175. ज्योतिर्मण्डललालंग
176. हृदयालाननिश्चल:
177. हत्पद्मकर्णिका शालिवियत्केलि सरोवर:
178. सद्रभक्त ध्यान निगड:
179. पूजा वारी निवारित:
180. प्रतापी
181. कश्यप सुत:
182. गणप:
183. विष्टपी
184. ब्ली
185. यश्वी
186. धार्मिक:
187. स्वोजा
188. प्रथम:
189. प्रथमेश्वर:
190. चिन्तामणिदीपपति:
191. कल्पद्रुमवनालयः
192. रत्नमंडपमध्यस्थः
193. रत्नसिंहासनाश्रयः
194. तीव्रशिरोद्धृतपद:
195. ज्वालिनी मौलि लालित:
196. नन्दानन्दित पाठ श्रीर्भोगदा भूषितासन:
197. सकामदयायिनीपीठ:

201. सविप्नंनाशिनीपीठ:
202. सर्वशक्त्यम्बुजाश्रय:
203. लिपिपद्मासनधारो
204. वह्निधामत्रायाश्रय:
205. उन्नतप्रपदो
206. गूढ़गुल्फः
207. संवृतपार्ष्णिकः
208. पीनजंघे
209. श्लिष्टजानुः
210. स्थूलोरू:
211. प्रोन्नमत्कटि:
212. निम्ननाभि:
213. स्थूलकुक्षि:
214. पीनवक्षा
215. वृहद्भुजः
216. पीनस्कन्ध:
217. कम्बुकण्ठो
218. लम्बोष्ठो
219. लम्बनासिक:
220. भग्नवामरदस्तिन्गासत्यदन्तौ
221. महाहनुः
222. हस्वनेत्रंत्रय:
223. शूर्पकर्णो
224. निबिडमस्तक:
225. स्तवकाकारकुम्भाग्रो
226. रत्नमौलिर्निरंकुश:

227. सर्पाहारकटिसूत्र:
228. सर्पयज्ञोपवीतवान्
229. सर्पकोटीरकटक:
230. सर्पग्रैवेयकांगद:

258. सरोजभृतः
259. पाशी भृतोत्पल:
260. शालीमंजरीस्वदन्तभृत
261. कल्पवलल्लीधरो

231. सर्पकक्ष्योदारबन्ध:
232. सर्पराजोत्तरीयक:
233. रक्तो
234. रक्ताम्बरधरो
235. रक्तमाल्य विभूषण:
236. रक्तेक्षणों
237. रक्तकरो
238. रक्ताल्वोकण्ठ पल्लव:
239. श्वेत:
240. श्वेताम्बरधर:
241. श्वेताल्यविभूषण:
242. श्वेतातपत्ररुचिर:
243. श्वेत चामर बीजित:
244. सर्वावयव
245. सम्पूर्ण:
246. सर्वलक्षण लक्षित:
247. सर्वाभरणशोभाढ्य:
248. सर्वशोभासमन्वित:
249. सर्वममंगमंगल्य
250. सर्वकारणकारणम्
251. सर्वदैककर:
252. शामंर्गी
253. बीजपुरी
254. गदाधर:
255. इक्षूचापधर:
256. शूली
257. चक्रपाणि
289. सुमुख:
290. कान्तिकंदालिता श्रय:
291. मदनावत्याश्रितंघ्रि:
292. कृत्तदौर्मुख्यदुर्मुख:
293. विघ्नसम्पल्लवोषघ्न:

262. विश्वाभयदैककरो
263. वशी
264. अक्षमालाधरो
265. ज्ञानमुदावान्
266. मुद्गरायुध:
267. पूर्णपात्री
268. कम्बूधरो
269. विधृतालिसमुद्रगक:
270. मातुलिंगरश्चूतकलिकाभूत्
271. कुठारवान्
272. पुस्तकसस्थस्वर्णघटी
273. पूर्णरत्नाभिवर्षक:
274. भारती सुन्दरी नाथो
275. विनायकरति प्रिय:
276. महालक्ष्मीप्रियतम:
277. सिद्ध लक्ष्मी मनोरम:
278. रमारमेश पूर्वांगो
279. दक्षिणोमामहेश्वर:
280. महीवराहवामांगो
281. रतिकंदर्पपश्चिम:
282. आमोदमोदजनन:
283. सप्रमोद
284. प्रमोदन:
285. समेधितसमृद्धि
286. श्री ऋषि
287. सिद्धि प्रर्वतक:
288. दत्तसौमुख्य
320. वज्रद्यस्त्रपरीवारो
321. गजचण्डसमाश्रय:
322. जयाजयपरीवारो
323. विजयाविजयावह:
324. अजितार्चिताषादाब्जो

294. सेवोन्निद्रमदद्रवः
295. विघ्नकृन्तिघ्न चरणे
296. द्राविणी
297. शक्ति सत्कृतः
298. तीव्रा प्रसन्न नयनो
299. ज्वालिनीपालितैकदृक
300. मोहिनी मोहिनो
301. भोगदायिनी
302. कान्ति मण्डित:
303. कामिनीकान्तवक्त्र
304. श्रीराधिष्ठितवसुन्धरः
305. वसुन्धरामदोन्नद्ध
306. महाशंख
307. निधि प्रभो
308. नमद्धसुमती मौलि
309. महापद्मनिधि प्रभु:
310. सर्वसद्रगुरुसंसेव्य
311. शोचिष्केशहृदाश्रय:
312. ईशानभूर्धा
313. देवेन्द्रशिखा
314. पवननन्दन:
315. अग्रपत्यग्रनयनो
316. द्विव्यास्त्राणां
317. प्रयोगवित्
318. ऐरावतादिसर्वाशावारणा
319. वरणप्रिय:
351. रौद्रीमुद्रित पादाब्जो
352. हम्बीजस्तङ्ग शिक्तक:
353. विश्वचादि जनन त्राण:
354. स्वाहा
355. शक्ति
356. सकीलक:
325. नित्यानित्यावतंसित:
326. विलासिनीकृतोल्लास:
327. शौण्डी
328. सौन्दर्यमण्डित:
329. अनन्तानन्त:
330. सुखद:
331. सुमङ्गलसुङ्गल
332. इच्छाशक्ति
333. ज्ञानशक्ति
334. क्रियाशक्ति
335. निषेवित:
336. सुभगासश्रितपदो
337. ललिता ललिता श्रय:
338. कगिनी कामन:
339. काममालिनी
340. केलि
341. लालित:
342. सरस्वत्याश्रयो
343. गौरीनन्दन:
344. श्री निकेतन:
345. गुरुगुप्तपदो
346. वाचासिद्धा
347. वागीश्वरीपति:
348. नलिनी कामुकी
349. वामारामो
350. ज्येष्ठा मनोरम:
382. आधार:
383. आधाराधेयवर्जित:
384. आखुकेतन
385. आशापूरक
386. आखूमहारथ:
387. इक्षुसागरमध्यस्थ

357. अमृताब्धिकृतवासो
358. मदघुर्णितलोचन:
359. उच्छिष्टगण
360. उच्छिष्टगणेशो
361. गणनायक:
362. सार्वकालिक ससिद्धि
363. नित्यशैवो दिगम्बर:
364. अनपायोऽनन्त दृष्टिर
365. प्रमेयोऽजरामर:
366. अनाविलो
367. अप्रतिरथो
368. ह्रच्युतोऽमृतक्षरम्
369. अप्रतर्क्यो
370. अक्षयो
371. अजयो
372. अनाधारो
373. अनामयो
374. अमल:
375. अमोघसिद्धि
376. द्वैतमकघोरो
377. अप्रमितानन:
378. आनाकारोऽब्धि
379. भूम्यग्निबलाघ्नो
380. अव्यक्त लक्षण:
381. आधारपीठ:
413. ऊर्जस्वानुष्मलपद
414. ऊहापोहदुरासद:
415. ऋग्यजु: सामसम्भूति
416. ऋद्धि सिद्धि प्रवर्तक:
417. ऋजुचितैकसुलभ
418. ऋणत्रय विमोचक:
419. लुप्तविघ्न: स्वभक्तानां

388. इक्षुभणलालस:
389. इक्षुचापातिरेक
390. श्रीरिक्षुचाप
391. निषेवित:
392. इन्द्रगोपसमान
393. श्रीरिन्द्रनील
394. समद्युति:
395. इन्दीवरदलश्याम
396. इन्दुमण्डल
397. निर्मल:
398. इघ्मप्रिय
399. इडाभाग
400. इराधामेन्दिरा प्रिय:
401. इतिकर्त्तव्यतेप्सित:
402. इक्षवाकर्त्तव्यतेप्सित:
403. ईशानमोलिरोशान
404. ईशानसुत
405. ईतिहा
406. ईषणात्रयकल्पान्त
407. ईहामात्रविवर्जित:
408. उपेन्द्र
409. उडुभून्मौलिरून्डेरकबलि प्रिय:
410. उन्नतानन
411. उतुङ्ग
412. उदारत्रिदशाग्रणी:
444. कल्प:
445. कपर्दी
446. कलभानन:
447. कर्मसाक्षी
448. कर्मकर्ता
449. कर्माकर्म फलप्रद:
450. कदम्बगोलकाकार:

420. लुप्तशक्ति: सुरद्धिषाम
421. लुप्तश्रीर्विमुखार्चानां
422. लूताविस्फोटनाशन:
423. एकार पीठ मध्यस्थ
424. एकपादकृतासन:
425. एजिताखिल दैत्य
426. श्रीरेधिताखिलसंश्रय:
427. ऐश्वर्य निधिरैश्वर्य
428. मैहिकामुष्मिक प्रद:
429. ऐरम्मदसमोन्मेष
430. ऐरावत
431. निभानन:
432. ओंकारवाच्य
433. ओंकार
434. ओज्वानोषधीपति:
435. औदार्यनिधि:
436. औद्धत्यधुर्य
437. औन्नत्यनिरस्वन:
438. अकुश:
439. सुरनागानामंकुश:
440. सुरविद्वषाम्
441. अ: समस्तविसर्गान्तपदेषु
442. परिकीर्तित:
443. कमण्डलुधर:
475. गुहाशयो
476. गुहाऽधिस्था
477. गुरुगभ्यो
478. गुरोर्गरु:
479. घण्टाघर्घरिकामाली
480. घटकुम्भो
481. घटोदर:
482. चण्डचंडेश्वर
451. कूष्माण्ड
452. गणनायक:
453. कारूण्यदेह:
454. कपिल:
455. कथक:
456. कटिसूत्रभृत्
457. सर्वे खड्गप्रिय
458. खड्गखान्तानास्थ:
459. खनिर्मल:
460. खल्वाटश्रृंगनिलय:
461. खटखड्गो
462. खदुरासद:
463. गुणाढ्यो
464. गहनो
465. गस्थो
466. गद्य गद्य सुधार्णव:
467. गद्यगानप्रियो
468. गर्जो
469. गीतगीर्वाण
470. पूर्वज:
471. गुह्याचारतो
472. गुह्यो
473. गुह्यागम
474. निरूपित:
506. डिण्डिम प्रिय:
507. ढक्कानिनादमुदितौ
508. ढौको
509. ढुण्ढि विनायक:
510. तत्त्वांना परं तत्त्वं
511. तत्वं पदं निरूपित:
512. तारकान्तरसंस्थान
513. तारक:

483. सुहृच्चण्डीशश्चण्ड विक्रम:
484. चराचरपति
485. चिन्तामणि
486. चर्वणलालस:
487. छन्दश्छन्दो
488. वपुश्छन्दो
489. दुर्लक्ष्यछन्दविग्रह:
490. जगद्योनि
491. जगत्साक्षी
492. जगदीशो
493. जगन्मय:
494. जपो जपपरो
495. जप्यो
496. जिह्वासिंहसनप्रभु:
497. झलज्झल्लोलसद्यानझाङ्कारि
498. भ्रमरा कुल:
499. टंकारस्फारसंरावष्टंकारि मणिनूपुर:
500. उद्यीपल्लवान्त:
501. स्थसर्वमन्त्रैक
502. सिद्धिद:
503. डिण्डिमुण्डों
504. डाकिनीशो
505. डामरो
537. नादो
538. नादमध्य प्रतिष्ठित:
539. निष्कलो
540. निर्मलो
541. नित्यो
542. नित्यानित्यो
543. निरामय:
544. परं व्योम
545. परं धाम
514. तारकान्तक:
515. स्थाणु: स्थाणुप्रिय:
516. स्थाता
517. स्थावरं
518. जङ्गमं जगत्
519. दक्षयज्ञ प्रमथनो
520. दाता
521. दानवमोहन:
522. दयावान्
523. दिव्यविभवो
524. दण्डभृछण्डनायक:
525. दन्तप्रभिन्न भ्रमालो
526. दैत्यवारणदारण:
527. दंष्ट्रालग्नद्विपघटो
528. देवार्थनृगजाकृति:
529. धनधान्यपतिर्धन्यो
530. धनदो
531. धरणीधर:
532. ध्यानैक प्रकटो
533. ध्येयो
534. ध्यानंध्यान परायण:
535. नन्द्यो
536. नन्दिप्रियो
568. ब्रह्मण्यो
569. ब्रह्मवित्प्रिय:
570. ब्रह्मन्नादाग्रय
571. चीत्कारो
572. ब्रह्माण्डावलिमेखल:
573. भ्रूक्षेपदत्त
574. लक्ष्मीको
575. भर्गो
576. भद्रो

546. परमात्मा
547. परंदम्
548. परात्पर:
549. पशुपति:
550. पशुपाश विमोचक:
551. पूर्णानन्द:
552. परानन्द:
553. पुराणपुरुषोत्तम:
554. पद्मप्रसन्ननयन:
555. प्रणताज्ञान मोचन:
556. प्रमाण प्रत्यातीत:
557. प्रणतार्तिनिवारण:
558. फलहस्त: फणिपति:
559. फेत्कार: फाणितगति:
560. बाणाचिताङ्गघियुगलो
561. बालकेलि कुतूहली
562. ब्रह्म
563. ब्रह्मर्चितपदो
564. ब्रह्मचारी
565. बृहस्पति
566. ब्रह्मोत्तमो
567. ब्रह्मपरो
599. यज्ञफलप्रद:
600. यशस्करो
601. योगगम्यो
602. याज्ञिको
603. याजक: प्रिय:
604. रसो
605. रसप्रियो
606. रस्यो
607. रज्जको
608. रावाणर्चित:
577. भयापह:
578. भगवान
579. भक्तिसुलभो
580. भूतिदो
581. भूतिभूषण:
582. भव्यो
583. भूतालयो
584. भोगदाता
585. भ्रूमध्य गोचर:
586. मन्त्रो
587. मन्त्रपतिर्मत्री
588. मदमत्तमनोरम:
589. मेखलावान्
590. मन्दगति
591. मतिमत्कमलेक्षण:
592. महाबलो
593. महावीर्यो
594. महाप्राणों
595. महामना:
596. यज्ञ
597. यज्ञपति
598. यज्ञगोप्ता
630. विश्वनेता
631. वज्रिवज्रनिवारण:
632. विश्व बन्धन
633. विष्कम्भाधारो
634. विश्वेश्वर
635. प्रभु:
636. शब्दब्रह्म
637. शमप्राप्य:
638. शम्भुशक्ति
639. गणेश्वर:

609. रक्षो
610. रक्षाकरो
611. रत्नगर्भो
612. राजसुखप्रद:
613. लक्ष्यं
614. लक्ष्मप्रदो
615. लक्ष्यो
616. लक्षस्थो
617. लड्डकप्रिय:
618. लानप्रियो
619. लास्यपरो
620. लाभकृल्लोकविश्रुत:
621. वरेण्यो
622. वह्निवदनो
623. वन्ध्यो
624. वेदान्त गोचर:
625. विकर्ता
626. विश्वतरश्चक्षु
627. विधाता
628. विश्वतोमख:
629. वामदेवो
661. हंसो
662. हस्तिपिशाचिशो
663. हवनं
664. हभ्यकण्यभुक
665. हव्यो
666. हुतिप्रियो
667. हर्षो
668. हृल्लेखामन्त्रमध्यग:
669. क्षेत्राधिप:
670. क्षमाभर्ता
671. क्षमापरपरायण:
640. शास्ता
641. शिखाग्रनिलय:
642. शरण्य:
643. शिखरीश्वर:
644. षड्ऋतुकुसुमस्रवी
645. षडाधार:
646. षडक्षर:
647. संसार वैद्य:
648. सर्वज्ञ:
649. सर्वभेषजभेषजम्
650. सृष्टिस्थितिलयक्रीड:
651. सुरकुज्जर भेदन:
652. सिन्दूरित महाकुम्भ:
653. सदसद्व्यक्तिदायक:
654. साक्षी समुद्रमंथन
655. स्वसंवेद्य:
656. स्वदक्षिण:
657. स्वतन्त्र:
658. सत्यसंकल्प:
659. सामगानरत:
660. सुखी
692. शोकहारी
693. दौर्भाग्यनाशन:
694. प्रतिवादी मुखस्तभो
695. रुष्टचित्तप्रसादन:
696. पराभिचारशमनो
697. दु:खभज्जनकारक:
698. लवस्त्रुटि:
699. कालाकाष्ठा
700. निमेषस्तत्पर: क्षण:
701. घटी मुहूर्त
702. प्रहरो

672. क्षिप्रक्षेमकर:
673. क्षौमानन्द:
674. क्षोणी
675. सुरद्रुम
676. धर्मप्रद:
677. अर्थद:
678. कामदाता
679. सौभाग्यवर्द्धन:
680. विद्याप्रदो
681. विभवदो
682. भुक्ति मुक्ति फलप्रद:
683. अभिरूप्यकरो
684. वीर:
685. श्रीप्रद:
686. विजयप्रद:
687. सर्ववश्यकरो
688. गर्भदोषहा
689. पुत्र पौत्रद:
690. मेधाद:
691. कीर्तिद:
723. रवि:
724. कालःसृष्टि:
725. स्थितिर्विश्व
726. यस्थावर
727. जङ्गमंचयत्
728. भूरापोऽग्नि
729. मरुद्धयो
730. माहंकृति
731. प्रकृति:
732. पुमान्
733. ब्रह्मा
734. विष्णु:
703. दिवा
704. नक्तमहर्निशम्
705. पक्षो मासोऽयनं
706. वर्ष युगं
707. कल्पोमहालय:
708. राशिस्तारा
709. तिथिर्योगो
710. वार:
711. करणमंशकम्
712. लग्नं
713. होरा
714. कालचक्रं
715. मेरू
716. सप्तर्षयो
717. ध्रुव:
718. राहुर्मन्दः
719. कविर्जीबो
720. बुद्धो
721. भौम:
722. शशि:
754. भूतं
755. भव्यं
756. भवोद्भव:
757. सांख्यं
758. पातञ्जलंयोग:
759. पुराणानि
760. श्रुति:
761. स्मृति:
762. वेदाङ्गानि
763. सदाचारो
764. मीमांसा
765. न्याय विस्तर:

735. शिवो
736. रुद्र:
737. ईश शक्ति:
738. सदाशिव:
739. त्रिदशा:
740. पितर:
741. सिद्धा
742. यक्षा
743. रक्षासि
744. किंनराः
745. साध्या
746. विद्याधरा
747. भूता
748. मनुष्य:
749. पशव:
750. खगाः
751. समुद्रा:
752. सरित:
753. शैला
785. बन्धो मोक्ष:
786. सुखं
787. भोगोऽयोग
763. सदाचारो
764. मीमांसा
765. न्याय विस्तर:
766. आयुर्वेदो
767. धनुर्वेदो
768. गन्धर्व
769. काव्यनाटकम्
770. वैखनसं
771. भागवतं
772. सात्वतं
766. आयुर्वेदो
767. धनुर्वेदो
768. गन्धर्व
769. काव्यनाटकम्
770. वैखनसं
771. भागवतं
772. सात्वतं
773. पाञ्चरात्रकम्
774. शैवं
775. पाशुपतं
776. कालामुखम्
777. भैरवशासनम्
778. शाक्तं
779. वैनायकं
780. सौरं
781. जैनमार्हतसंहिता
782. सदसद्व्यक्तम
783. व्यक्तं
784. सचेतममचेतनम्
791. स्वाहा
792. श्रोषद् वौषड्वषणाम :
793. ज्ञानं
794. विज्ञानम्
795. आनन्द
796. बोधः
797. संविच्छमो
798. यम:
799. एक
800. एकाक्षराधरा
801. एकाक्षरापरायण:
802. एकाग्रधीर
803. एकवीर

773. पाञ्चरात्रकम्
774. शैवं
775. पाशुपतं
776. कालामुखम्
777. भैरवशासनम्
778. शाक्तं
779. वैनायकं
780. सौरं
781. जैनमार्हतसंहिता
782. सदसद्धयक्तम
783. व्यक्तं
784. सचेतममचेतनम्
785. बन्धो मोक्ष:
786. सुखं
787. भोगोऽयोग
788. सत्यमणुर्महान
789. स्वास्ति हुं फट्
790. स्वधा

804. एकानेक स्वरूपधृक्
805. द्विरूपो
806. द्विभुजो
807. दयक्षो
808. द्विरदो
809. दीपरक्षक:
810. द्वैमातुरो
811. द्विवदनो
812. द्वंद्वातिग
813. द्वयातीतो
814. त्रिधामा
815. त्रिकरस्त्रेता
816. त्रिवर्ग फलदायक:
817. त्रिगुणात्मा
818. त्रिलोकादि
819. त्रिशक्ति
820. त्रिलोचन
821. चतुर्बाहु

822. चतुर्दन्त
823. चतुरात्मा
824. चतुर्मुख:
825. चतुर्विधोपायमपपाय
826. चतुर्वर्णाश्रमाश्रय:
827. चतुर्विधवचामृत्ति
828. परिवृत्तिप्रवर्तक:
829. चतुर्थी पूजनप्रीतश्च
830. चतुर्थी तिथि संभव:
831. पञ्चाक्षरात्मा
832. पञ्चात्मा
833. पञ्चास्य
834. पञ्चकृत्यकृत
835. पञ्चाधार:

853. षट्शक्तिपरिवारित:
854. षड्वैरिवर्गविध्वंसी
855. षडूर्मिभयञ्जन:
856. षट्तर्कदूर:
857. षट्कर्मनिरत:
858. षड्साश्रय:
859. सप्तपातालचरण:
860. सप्तद्वीपोरूपमण्डल:
861. सप्तस्वर्लोकमुकुट:
862. सप्तसप्तिपरप्रद:
863. सप्ताङ्गराज्यसुखद:
864. सप्तर्षिगणमण्डित:
865. सप्तछन्दोनिधि
866. सप्तहोता

836. पञ्चवर्णः
837. पञ्चाक्षरपरायणः
838. पञ्चताल:
839. पञ्चकर:
840. पञ्चप्रणवभावित:
841. पञ्चब्रह्ममयस्पर्तिः
842. पञ्चावर्णवारित:
843. पञ्चाभक्ष्यप्रिय:
844. पञ्चवाणः
845. पञ्चशिवात्मक:
846. षड्कोणपीठ:
847. षट्चक्रधामा
848. षड्ग्रन्धिभेदक:
849. षड्ध्वध्वान्त विध्वंसी
850. षड्ङगुलमहारद:
851. षण्मुख:
852. षण्मुखभ्राता
884. अष्टभेरवसेव्योऽष्ट
885. वसुवन्द्धो
886. अष्टमूर्तिभृत्
887. अष्टचक्रस्फुरन्मूर्ति
888. अष्टद्रव्य हविः प्रियः
889. नवनागासनाध्यायी
890. नवनिध्यनुशासिता
891. नवद्वारपुराधारो
892. नवधारनिकेतनः
893. नवनारायण
894. स्तुत्यो
895. नवदुर्गानिषेवितः
896. नवनाथ
897. महानाथो
898. नवनागविभूषणः
867. सप्तस्वराश्रयः
868. सप्ताब्धिकेलिकासारः
869. सप्तमातृनिषेवितः
870. सप्तच्छच्दोमदमदः
871. सप्तच्छन्दोमखप्रभुः
872. अष्टमूर्ति
873. ध्येयमूर्ति
874. अष्टप्रकृतिकारणम्
875. अष्टङ्गयोग
876. फलभू
877. अष्टप्रकृतिकरणम्
878. अष्टशक्ति
879. समृद्धिश्री
880. अष्टऐश्वर्य प्रदायकः
881. अष्टपीठोपपीत
882. श्री
883. अष्टमातृसमावृतः
915. द्वादशान्तनिकेतन:
916. त्रयोदशाभिदाभिन्न
917. विश्वदेवाधिदैवतम्
918. चतुर्दशेन्द्रवरद
919. चतुर्दशमनु प्रभु:
920. चतुर्दशादिविद्या
921. चतुर्दश जगत्प्रभुः
922. सामपञ्चदश:
923. पंचदशीशीतांशुनिर्मल:
924. षोडशाधारनिलय:
925. षोडशस्वरमातृक:
926. षोडशान्तपदावास:
927. षोडशेन्दुकलात्मक:
928. कला सप्तदशी
929. सप्तदश:

899. नवरत्न विचाङ्गो
900. नव शक्ति
901. शिरोघृत
902. दशात्मको
903. दशभुजो
904. दशदिक्पति
905. वन्दितः
906. दशाध्यायो
907. दशप्राणो
908. दशेन्द्रियनियामकः
909. दशाक्षरमहामन्त्रा
910. दशाशात्यापिविग्रहः
911. एकादशादिभीरूदैः
912. स्तुतः
913. एकादशाक्षर:
914. द्वारशोद्दण्डदोर्दण्डो
946. द्वात्रिंशद्भैरवाधीश
947. चतुस्त्रिशन्महाह्रद:
948. षट्त्रिंशतत्वसम्भूति
949. अष्टात्रिंशत्कलातनु:
950. नमदेकोनपञ्चाशन्म
951. मरुद्वर्गनिरर्गल:
952. पञ्चाशदक्षरश्रेणी
953. पञ्चाशदुद्रविग्रह
954. पञ्चाशद्विष्णुशक्तिशः
955. पञ्चाशन्मातकालय:
956. द्विपञ्चाशद्विपुः श्रेणी
957. त्रिषष्टयक्षर संश्रय:
958. चतु: षष्टयर्णनिर्णेता
959. चतु: षष्टिकलानिधि:
960. चतु: षष्टिमहासिद्धि
961. योगिनी वृन्दवन्दित:
962. अष्टपष्टि
963. महातीर्थ
964. क्षेत्र
930. सप्तदशाक्षर:
931. अष्टादशद्वीपति
932. अष्टादशपुराणकृत्
933. अष्टादशोषधि
934. सृष्टि
935. अष्टादशाविधि: स्मृत:
936. अष्टदशलिपित्याष्टि
937. समष्टिज्ञान
938. कोविद:
939. एकविंश:
940. विंशल्यंगुलि पल्लव:
941. चतुर्विशतितत्वात्मा
942. पञ्चविंशाख्य
943. पुरुष:
944. सप्तविशातितारेश:
945. सप्तविंशति योगकृत्
975. शतधाराधरायुध:
976. सहस्रपत्रनिलय:
977. सहस्रफणभूषण:
978. सहस्रशीर्षापुरुष
979. सहस्राक्ष
980. सहस्रपात्
981. सहस्रनामसंस्तुस्यः
982. सहस्राक्षबलापह:
983. दशसाहस्रफणभृतफणिराज कृतासन:
984. अष्टशीतसहस्राद्य
985. महर्षिस्तोत्रयन्त्रित:
986. लक्षाधीशप्रियाधारो
987. लक्षाधारमनोमय:
988. चतुर्लक्षजपप्रीतश्च
989. चर्तुलक्षप्रकाशित:
990. चतुरशीतिलक्षाणां
991. जीवानां
992. देहसंस्थित:
993. कोटिसूर्यप्रतीकाशः

965. भैरव
966. भावन
967. चतुर्नवति
968. मन्त्रात्मा
969. पण्णवत्यधिक प्रभु:
970. शतानन्द:
971. शतधृति:
972. शतपत्रायतेक्षण:
973. शतनीक:
974. शतमुख:
994. कोटिचन्द्रांशुनिर्मल:
995. शिवाभवाध्यूष्टकोटि
996. विनायकधुरंधर:
997. सप्तकोटि महामन्त्र मन्त्रितावयद्धुति:
998. त्रयस्त्रिसत्कोटिसुरश्रेणी
999. प्रणतं
1000. पादुक:

(इति श्रीवैनायकनाम्मां सहस्रमिदमीरितम्)